MEDITERRANE KRÄUTER

Genuss und Flair des Südens

MEDITERRANE KRÄUTER

Genuss und Flair des Südens

Heide Bergmann

Mediterrane Kräuter – ein Fest für die Sinne 6

Mit Kräutern rund ums MIttelmeer 20

Pflanzideen für mediterrane Kräuter 46

Mediterrane Kräuter – ein Fest für die Sinne

Vom vertrauten Duft von Basilikum bis zu wenig bekannten Kräutern wie pontischem Beifuß – Kräuter aus dem Süden sind für Nase, Gaumen und Augen ein Gewinn.

Aromatische Allroundkünstler

Mediterrane Kräuter verwöhnen mit herrlichem Duft, köstlichen Aromen, sind gesund und ein ästhetischer Gewinn für jeden Garten.

Rechts: *Mediterrane Pflanzen verbreiten Licht und Heiterkeit im Garten. Ihre silbergrauen Polster wirken hell und duftig, ihre Blüten und Blätter verwöhnen Augen und Nase.*

Unten: *In Lavendelblüten konzentriert sich die Kraft der südlichen Sonne. Die ätherischen Öle schenken uns Wohlgerüche und Gesundheit.*

Mediterrane Kräutergärten laden zum Träumen und Genießen ein. Auf sonnenexponierten Flächen, zwischen Steinen und auf Terrassen finden sich ideale Plätze für Salbei, Wermut, Currykraut und Co., die mit ihren silbergrauen Blättern den Garten in heiteres Licht tauchen. Blaue Lavendelkissen leuchten im Kiesbeet und auf Mauern um die Wette, und zwischen Bodenfugen wachsen purpurrote Thymianteppiche. Die Kräuter aus dem Süden faszinieren uns mit ihrer wilden Schönheit und ihren starken Aromen. Wenn die Mittagssonne ihre ätherischen Öle und Harze verdunsten lässt, liegt ein Hauch von Süden in der Luft. Umgeben von den Düften von Lavendel, Rosmarin, Oregano und Muskateller-Salbei fühlt man sich in die Pinienwälder an der Côte d'Azur oder auf dem Peloponnes versetzt. Erinnerungen an den Urlaub unter südlicher Sonne werden wach. Die Landschaften rings um das Mittelmeer faszinieren uns Mitteleuropäer seit Jahrhunderten. Das in allen Blautönen funkelnde Meer, das flirrende Licht und die warmen Nächte üben eine große Anziehungskraft auf uns aus. Die Farben der Landschaft, die Düfte aus den Kräutergärten und Zitronenhainen, die Aromen aus einem einfachen Hafenrestaurant oder die Gewürzstände in den Basaren und auf den Märkten sind ein Fest für die Sinne.

Über Handelswege zu Wasser und zu Lande waren Völker und Kulturen des Mittelmeerraums seit Jahrtausenden miteinander verbunden. Die wechselvolle Geschichte und das Nebeneinander von drei Religionen und Kontinenten brachten große kulturelle Vielfalt, aber auch viele Gemeinsamkeiten. Trotzdem hat sich jede Region ihren eigenen Reiz bewahrt. Auch viele Ursprünge unserer Kultur finden sich im Mittelmeerraum – etwa das Wissen, wie man Wein und Obst anbaut, sowie ästhetische Kriterien für die Gartengestaltung.

Das Erbe der Römer: Kräuter auf dem Weg nach Norden

Dass Kulturpflanzen aus wärmeren Ländern in unseren Gärten Einzug halten, ist nichts Neues. Bekanntlich liegen die Ursprünge der meisten unserer Küchenkräuter und Nahrungspflanzen im Vorderen Orient, in Kleinasien, den Mittelmeerländern und Nordafrika. Knoblauch, Fenchel, Dill, Koriander, Kerbel, Majoran, Petersilie und viele

Rechts: *Von der Sonne verwöhnte Flächen sind für Lavendel, Wolfsmilch, Weinraute und Zypressenkraut wie geschaffen. Dieser Sitzplatz wird nicht nur von warmen Farben, sondern auch von würzigen Düften eingehüllt.*

Unten: *Rotes Basilikum, Zitronenbasilikum, Provencebasilikum – verwöhnen Sie Ihren Gaumen mit den vielen neuen Sorten des beliebten Küchenkrauts.*

andere Würzpflanzen wurden schon in den Gärten Ägyptens, Griechenlands und im alten Rom kultiviert. Von dort kamen sie mit den Römern nach Mitteleuropa. Die ersten Kräutergärten entstanden mit den Klostergründungen im frühen Mittelalter. Benediktinermönche hatten auf ihrem Weg über die Alpen Salbei, Thymian, Lavendel, Bohnenkraut, Minze, Eberraute und andere Heilkräuter im Gepäck. In den Klöstern erreichte die Kräuterkultur rasch einen Höhepunkt. Berühmt sind beispielsweise die Klostergärten der Insel Reichenau, des Klosters St. Gallen und von Hildegard von Bingen. Die mediterranen Neuankömmlinge gewöhnten sich dort über die Jahrhunderte an unser Klima. Schließlich fanden Samen und Ableger den Weg in die Bauerngärten, wo sie weiterkultiviert wurden.

Und auch wenn wir es heute nicht mehr wissen: Neben den gängigen mediterranen Kräutern wie Basilikum, Rosmarin, Thymian und Co. stammen auch viele andere altbekannte Küchenkräuter wie Zitronenmelisse, Kresse, Liebstöckel oder Ringelblume aus dem Mittelmeerraum oder anderen südlichen Regionen.

Zu den mediterranen Kräutern gesellten sich Gartenpflanzen aus anderen Gegenden der Erde, die im Zuge von Entdeckungen, Forschungsreisen und Handel zu uns kamen. Duftpelargonien aus Südafrika, Zitronenverbene aus Südamerika, Chili aus Mittelamerika, Zitronengras aus Asien und viele mehr bereichern mittlerweile unsere Gewürz- und Duftgärten mit ihren Blüten und Aromen. Obwohl sie nicht aus dem Mittelmeergebiet stammen, haben wir einigen von ihnen in diesem Buch einen kleinen Platz eingeräumt – weil sie sich so gut zwischen ihre mediterranen Kollegen einfügen und weil es schade wäre, auf ihre exotischen Aromen zu verzichten.

Kräutervielfalt wie nie zuvor

Die meisten südländischen und asiatischen Küchenkräuter kann man ohne Weiteres bei uns im Garten oder auf dem Balkon anbauen. In spezialisierten Gärtnereien finden Sie inzwischen eine große Auswahl an Arten und Sorten. Hobbygärtner und Kräuterliebhaber, die südliche Gärten lieben, können mittlerweile aus dem Vollen schöpfen. Niemand gibt sich mehr mit dem einfachen Topf Basilikum auf dem Fensterbrett zufrieden. Heute führen Gärtnereien in ihrem Sortiment Zitronenbasilikum, Provencebasilikum, Genoveser Basilikum, Strauchbasilikum, Thai-Basilikum, indisches Basilikum und viele mehr. Genießer entdecken neben dem gewöhnlichen Gartensalbei Purpursalbei, Dalmatinischen Salbei, Spanischen Salbei oder Ananas-Salbei. Besonders groß ist die Vielfalt bei den Minzen. Die feinen Nuancen von Orangenminze, Marokkanischer Minze, Mentuccia-Minze, Grüner Minze und Mentholminze zu erschnuppern, ist ein Vergnügen. Oder bevorzugen Sie so raffinierte Duftkombinationen wie sie Zimtbasilikum, Pfirsichsalbei, Schokominze oder Apfelduftgeranie bieten?

Neben diesen Neuentdeckungen warten in Vergessenheit geratene Bauerngartenpflanzen wie Winterheckenzwiebel, Breitblättrige Kresse oder Weiße Melisse nur darauf, wiederentdeckt zu werden. Sie stammen aus Mittel- und Osteuropa sowie Asien und wuchsen schon vor Jahrhunderten in unseren Hausgärten.

Kräuter für Gärten mit südlichem Flair

Mediterrane Aromapflanzen sind nicht nur Nutz-, sondern auch Zierpflanzen. Sie bergen großartige Potenziale, um Gärten zu gestalten. Viele begeistern mit ihren silbergrauen, panaschierten oder dunkel glänzenden Blättern. Andere faszinieren mit Blüten, auf denen Hummeln und Schmetterlinge tanzen. Wenn diese Kräuter ihren natürlichen Charme spielen lassen, nehmen sie es locker mit jeder Blumenrabatte auf. Ihr Wildstaudencharakter schmückt Steingartenanlagen, ihr Zauber verleiht Innenhöfen und Terrassen südliches Flair. In bunten Beeten in Cottage- oder Bauerngärten harmonieren mediterrane Kräuter perfekt mit Blumen, Buchs und Rosen. Dabei sind die mediterranen Pflanzenschönheiten sehr robust und äußerst vielseitig. Viele trotzen extremer Hitze und Trockenheit. Sie kommen selbst in mageren, steinigen Böden der extremen Südlagen zurecht, wo andere Gartenpflanzen nur schlecht Fuß fassen. Diese Genügsamkeit ist ihr großes Plus. Wer würde beim Anblick von Bauschutt und Schotter daran denken, dass sie als Böden für die schönsten Lavendelbeete taugen? Doch für die duftenden Halbsträucher mit ihren herrlichen Blüten sind sie ein idealer Standort. Auch Frostperioden bedeuten nicht unbedingt das Aus für die Gäste vom Mittelmeer. In milden Regionen gedeihen – mit Winterabdeckung – Lorbeer, Rosmarin und Olivenbaum, wenn sie sich im Garten gut etabliert haben. Durch die immer milderen Winter erhöht sich die Chance, bei uns mit südlichen Pflanzen erfolgreich zu experimentieren und sie in unseren Gärten heimisch zu machen. Die verschiedenen Beispiele in diesem Buch möchten Sie dazu anregen, einen Kräutergarten oder ein Kräuterbeet ganz nach Ihrer Lust und Fantasie zu gestalten. Lassen Sie sich von den Pflanzbeispielen inspirieren, Kräuter gekonnt in Szene zu setzen und auch ungewohnte Arrangements zu wagen. Tipps vermitteln das nötige Know-how und zeigen, wie Sie mediterrane Gärten, Terrassen und Innenhöfe zum Blühen bringen. Sie werden staunen, wie vielfältig Sie Kräuter einsetzen können.

Genuss aus dem eigenen Garten

Was gibt es Schöneres, als sich querbeet durch den Kräutergarten zu schnuppern und die passenden Zutaten für ein festliches Menü oder ein einfaches Abendessen auszuwählen? Kräuter kitzeln den Gaumen und machen Lust auf Genuss. Schon beim Schneiden steigen die Aromen in die Nase und regen die Sinne an. Eine abwechslungsreiche Kräuterküche bringt die Geschmacksknospen auf Trab. Wie soll Ihr Kräutermenü denn sein: aromatisch wie Estragon, scharf wie Chili, erfrischend wie Minze, zitronig wie Verbene, nelkenartig wie Thai-Basilikum oder pfeffrig wie Oregano? Und was passt zueinander? Ob Hausmannskost oder Gourmetküche, ob mediterran oder asiatisch, die Palette der würzigen Leckereien reicht vom einfachen Schnittlauchbrot oder einer Pfanne Rosmarinkartoffeln bis zum raffinierten Mehrgangmenü mit aufeinander abgestimmten Kräutern und Gewürzen. Lassen Sie sich verführen von den unzähligen Aromen aus dem Garten und erfinden Sie mit Nase und Gaumen Ihre eigene Kräuterküche!

Unten: *Der Sommer bietet Kräuter in Hülle und Fülle. Wenn die Aromen am intensivsten sind, ist die beste Zeit, um Kühlschrank und Vorratskammer zu füllen. Aromatisierte Drinks, Kräuterbowlen und erfrischende Tees haben jetzt Hochkonjunktur. Wer will, kocht für den Winter Kräuter als Sirup ein oder setzt Kräuterweine und Liköre auf.*

Ohne Kräuter undenkbar: die mediterrane Küche

Die mediterrane Küche macht es uns vor: Sie ist einfach, ländlich und von Region zu Region verschieden. Die Köche verwenden viele Kräuter und frische, regionale Zutaten. Man nimmt sich Zeit zum Essen. Oft tafelt man ausgiebig mit Familie oder mit Freunden und genießt dazu einen guten Wein. Mit mediterranen Kräutern können Sie Ihre Lieblingsspeisen aus dem Süden originalgetreu zu Hause nachzaubern. Der Duft einer auf dem Herd köchelnden Tomatensoße mit Oregano und Basilikum oder das Aroma von Knoblauch und Olivenöl lassen Urlaubsstimmung aufkommen.

Gesteigert wird dieser Genuss, wenn reichlich frische Kräuter auf dem Balkon oder im Garten zur Verfügung stehen. Sie inspirieren dazu, neue Speisen zu kreieren oder bekannten Rezepten aus dem Mittelmeerraum den letzten Schliff zu geben. Damit eine Bouillabaisse auch so gut schmeckt wie im Urlaub im Hafenlokal in Marseille, braucht es neben all den anderen Zutaten frisches Fenchelgrün und einen Schuss Pastis. Tabouleh, der nordafrikanische Sommersalat aus Couscous, Tomaten und Gurken, gewinnt erst mit ein paar Minzeblättern sein unvergleichliches Aroma. Oregano schließlich feuert jede Tomatensoße an. Kommt dann noch der unvergleichliche Duft von Basilikum dazu, ist das Mittelmeerfeeling perfekt. Als Digestiv greift man zu Süßweinen oder Likören, die mit Wermut, Anis, Kümmel oder anderen Kräutern aufgesetzt wurden.

Links: *Mittelmeerfeeling mit Fisch, Olivenöl, Knoblauch, Rosmarin und Co. Für jedes Gericht findet sich das passende Kraut.*

Rechts: *Eine Tischdekoration nicht nur für das Auge: Mit diesem duftenden Serviettenring aus Oregano beginnt der Genuss schon vor dem Essen.*

Exotische Aromen aus Fernost

Doch nicht nur die mediterrane Küche bereichert den heimischen Speiseplan. Mit Asiakräutern aus dem Eigenanbau geben Sie exotischen Speisen das gewisse Etwas. Koriander, Zitronengras, Chili, Ingwer und Knoblauch verfeinern das Gemüse aus dem Wok originalgetreu. Und eine Thaihühnersuppe wird erst durch Zitronenblatt, Koriander und Kokosmilch richtig »rund«. Für typisch japanische Speisen wie Misosuppe, Sushi und Sashimi kommen schließlich Perillablätter oder die Blütenknospen des Myoga-Ingwer zum Einsatz. Ihre Gäste werden staunen, wenn Sie all diese Kräuter frisch aus Ihrem Garten auf den Tisch bringen.

Frisch und gesund: selbst angebaute Kräuter

Gute Supermärkte bieten heute eine große Palette an Kräutern und Gewürze aus aller Welt. Doch meist werden diese Pflanzen auf großen Flächen in industriellen Verfahren angebaut und haben lange Transporte hinter sich. Das geht zum einen auf Kosten der Umwelt, zum anderen ist eine Belastung mit Pestiziden keine Seltenheit.

Anders sieht es dagegen mit Kräutern aus dem eigenen Garten aus – hier weiß man, was man hat. Sie sind garantiert schadstoffarm, schonen das Klima und sind außerdem so frisch zur Hand, wie dies bei gekauften Produkten kaum möglich ist.

Und Kräuter schmecken eben dann am besten, wenn sie frisch geerntet sind. Am einfachsten geht das, wenn man nur eben mal in den Garten gehen muss, um ein paar Blätter vom selbst angebauten Basilikum oder einige frische Stängel Zitronengras zu holen und sofort zu verarbeiten.

In einer abwechslungsreichen Kräuterküche beschert jeder Bissen nicht nur Genuss, sondern außerdem ein Stück Gesundheit. Denn Kräuter sind reich an wertvollen Inhaltsstoffen. Sie liefern Vitamine, Mineralien, Bitter- und Gerbstoffe, Flavonoide, Saponine, Fettsäuren, Spurenelemente und Enzyme. Sie stärken den Organismus, helfen bei leichten Beschwerden und machen Speisen bekömmlicher. Bärlauch und Knoblauch helfen zum Beispiel, Gefäßerkrankungen vorzubeugen. Petersilie sorgt mit ihrem hohen Gehalt an Vitamin C dafür, dass unser Immunsystem in Schwung bleibt, und Rosmarin stärkt die Verdauung und den Kreislauf.

Die Wohlgerüche Arabiens

Weihrauch, Myrrhe und Gold befanden sich im Gepäck der drei Weisen aus dem Morgenland, als sie dem Jesuskind ihre Ehre erwiesen. Die Geschenke waren zu jener Zeit symbolische Gaben, um Könige zu ehren, und sie gehörten zu den kostbarsten Dingen, die es im alten Ägypten und Vorderen Orient gab. Für das religiöse und weltliche Alltagsleben waren ätherische Öle und Harze unverzichtbar. Bei Räucherzeremonien in den Tempeln entfachte man die duftenden Harze und Kräuter, um die Götter zu ehren. Man räucherte bei Feiern und Ritualen, zur spirituellen Klärung, zur Heilung, zum Desinfizieren und um üble Gerüche zu beseitigen.

Seit alter Zeit liefert der Weihrauchbaum *(Boswellia sacra)* das beste Harz, das sogenannte Olibanum. Es wird noch heute gewonnen, indem man die Rinde anritzt und das austretende Baumharz auffängt. Das Harz wird getrocknet und in Form von Körnern aufbewahrt. Zur Zeit der ägyptischen Hochkultur entstand ein lebhafter Handel mit dieser Substanz. Über die Weihrauchstraße vom Oman bis zum Mittelmeer transportierten Händler die Wohlgerüche Arabiens. Noch heute kann man jahrhundertealte Weihrauchbäume im Oman bestaunen. Sie wurden von der UNESCO als Weltkulturerbe unter Schutz gestellt.

Unten: *Der Olivenbaum symbolisiert wie kein anderes Gewächs die mediterrane Pflanzenwelt. Sie schenkt den Menschen seit Jahrtausenden Nahrung, Arznei und Aromastoffe.*

Räuchern mit mediterranen Kräutern

Heute werden echter Weihrauch und Myrrhe nicht mehr in Gold aufgewogen. In speziellen Kirchenläden kann jeder Räucherkörner und das notwendige Räucherzubehör kaufen.

Wenn Sie Lust haben, selber ätherische Düfte aufsteigen zu lassen, können Sie dies auch mit Pflanzen aus dem Garten tun. Harze kommen nämlich nicht nur in Bäumen vor, sondern auch in vielen mediterranen Pflanzen wie Rosmarin, Salbei, Thymian, Ysop, Zistrose, Lorbeer, Wacholder, Muskateller-Salbei, Eberraute, Lavendel oder Wermut. Ein starker, balsamischer Duft der Blätter ist oft ein Hinweis, dass die Pflanze Harz enthält. Lassen starke Sonnenstrahlen die Verdunstung steigern, können Sie das Harz auch sehen: Dann tritt ein klebriges Sekret aus den Poren und überzieht Stängel, Knospen und Blätter. Den Pflanzen dient dieses Gemisch aus ätherischen Ölen und Harzen als Schutzschild gegen die zehrende Sonne. Zum Räuchern können Sie solche Pflanzen einfach trocknen. Sie benötigen außerdem eine feuerfeste Schale

und Räucherkohle, die Sie anzünden und zum Glimmen bringen. Streuen Sie Räucherkörner oder getrockneten Thymian, Salbei oder Lavendel auf die Kohle und fächern Sie mit einer Feder die Glut an. Kreieren Sie Ihre ganz persönliche Räuchermischung. Konzentrationsfördernd wirken Rosmarin, Thymian und Weihrauch. Reinigend sind Salbei, Beifuß und Eberraute, aphrodisierend Rose, Muskateller-Salbei und Lavendel.

Ätherische Öle: das Herz der Kräuter

Inmitten von Zitronenverbene, Duftpelargonie, Minze und Oregano zu gärtnern, ist eine wahre Lust. Mit jeder Berührung steigen Wohlgerüche in die Nase – beim Schneiden des Lavendelstocks, beim Eintopfen des Currystrauchs oder beim Verpflanzen von Basilikum. Der Genuss lässt sich noch steigern, indem man die Blätter zerreibt. Denn die Düfte sind in feinen Drüsenhaaren versteckt und werden durch das Reiben freigesetzt. Damit Ihre südländischen Kräuter möglichst viele Aromastoffe produzieren, sollten Sie ihnen immer den sonnigsten Platz im Garten geben, am besten im Schutz einer Mauer. Denn ätherische Öle bilden sich erst, wenn viel Sonne den Stoffwechsel der Pflanzen stimuliert. Im Hochsommer erreicht die Produktion deshalb ihren Höhepunkt. Rosmarin, Lavendel und Salbei sind nun gesättigt von aromatischen Substanzen. Seit Jahrhunderten beschäftigen sich Parfümeure und Klostergemeinschaften damit, wie man den Duft dieser Pflanzen am besten konserviert. Die reinen ätherischen Öle gewinnt man in Destillerien, wo sie in Wasserdampf gelöst werden. Dieses Verfahren ist für private Zwecke zu aufwendig. Einfacher ist es, wenn Sie Blätter oder Blüten in Öl oder Alkohol einlegen. Nach einiger Zeit gehen die Aromen und Wirkstoffe in die Flüssigkeiten über.

Um selbst aromatisierte Öle herzustellen, benötigen Sie ein sauberes, ausgekochtes Glas und Olivenöl oder geruchsarmes Mandelöl. Man füllt Blätter, Blüten oder Samen in das Glas und gießt sie mit dem Öl auf. Die Kräuter müssen ganz mit Öl bedeckt sein, sonst faulen sie. Stellen Sie den Ansatz für drei bis vier Wochen auf ein sonniges Fensterbrett und schütteln Sie das Gefäß ab und zu. Dann filtert man die Kräuter ab und setzt dasselbe Öl mit neuen Kräutern auf. Nach dreimaligem Auszug ist das Aromaöl fertig. Es lässt sich kühl und dunkel bis zu einem Jahr aufbewahren.

Links: *In der Räucherschale verglimmen Harze von Baumrinden und Kräuter. Räucherzeremonien gab es zu allen Zeiten und in vielen Religionen: in den antiken Kultstätten, bei indianischen Ritualen, in katholischen Messen oder in buddhistischen Tempeln.*

Rechts: *Klostergemeinschaften entwickelten das Kräuterwissen aus der Antike weiter. Viele der mittelalterlichen Rezepturen sind noch heute aktuell.*

Blütenmeer und Insektenweide

Rechts: *Mediterrane Kräutergärten sind Oasen für Pflanzen und Tiere. In umgedrehten Tontöpfen siedeln sich Ohrwürmer an, die sich als Blattlausjäger nützlich machen.*

Unten: *Blüten des Muskateller-Salbeis locken die Blaue Holzbiene an. Das imposante, aber harmlose Insekt fliegt auch auf Glyzinie und Wicke.*

In den Monaten Juni und Juli, wenn die Sonne ihren Zenit erreicht, verwandeln Lavendel, Thymian, Katzenminze, Salbei und Ringelblume den Garten in ein Blütenmeer. Jetzt zeigt sich der Kräutergarten mit seinem ganzen natürlichen Charme. Je größer die Pflanzenvielfalt, desto faszinierender ist das Schauspiel, das sich im Kräuterbeet abspielt.
Mich fasziniert immer wieder die üppige Blütenpracht, die auch scheinbar unauffällige Kräuter bieten. Vor allem bin ich von ihren langen Blütezeiten beeindruckt, wie sie beispielsweise die weißen Wolken von Steinquendel, Oregano und Bergbohnenkraut bieten. Schneidet man die verblühten Stängel ab, blühen manche sogar ein zweites Mal im Herbst. Faszinierend sind auch die Farben. Feldthymian, Dost und Agastachen veranstalten im Garten ein purpurnes Farbenspiel, Katzenminze und Perovskia sorgen für einen Farbenrausch in Blau. Ringelblumen, Kapuzinerkresse und Tagetes laufen in warmen Gelb- und Orangetönen zur Hochform auf, und über dem Kräuterbeet schweben die zartgelben Doldenblüten von Dill und Fenchel. Ein attraktiver Blickfang sind auch die kugelförmigen Blüten von Winterheckenzwiebel, Schnittlauch und Schnittknoblauch.
Übrigens: Blühende Kräuter sehen nicht nur im Beet gut aus, sondern auch auf dem Teller. Denn auch die Blüten der Kräuter sind essbar. Schnittlauch, Borretsch, Salbeiblüten oder Kapuzinerkresse schmecken fein-aromatisch und sind auf einem liebevoll angerichteten Teller eine wahre Augenweide. Und es hat noch einen Vorteil, wenn Sie einen Teil Ihrer Kräuter blühen lassen, anstatt sie vor der Blüte zu ernten: Sie können selbst Saatgut gewinnen, das an den Standort besonders gut angepasst und oft resistenter gegen Krankheiten, Schädlinge und Frost ist als manch gekaufte Ware.

Ein Refugium für Insekten

Sicher haben Sie an einem warmen Sommertag das lebhafte Kommen und Gehen schon einmal beobachtet: Hummeln tanzen über hellviolette Kissen mit Tausenden von Steinquendelblüten, Tagpfauenaugen landen auf den Blüten des Dostes, und Honigbienen bevölkern die Lavendelhecken. Und wer Muskateller-Salbei im Garten hat, wird bald die Bekanntschaft mit einem großen, schwarzblauen Insekt machen. Der stattliche Flieger mit dem glänzenden Panzer flößt im ersten Moment Respekt ein. Aber keine Angst, es handelt sich um die harmlose Blaue Holzbiene. Sie gehört zu den Wildbienen, die neben den Honigbienen zu den wichtigsten Blütenbestäuber zählen.
Viele mediterrane Kräuter wie Salbei, Lavendel, Oregano, Thymian gehören zu der Pflanzenfamilie der Lippenblütler, auf die Schmetterlinge nur so fliegen. Mit ihrem langen Rüssel sind sie darauf

spezialisiert, den Nektar aus Blüten zu saugen. Aber auch heimische Verwandte dieser Kräuter sind ein Eldorado für Bläuling, Pfauenauge, Zitronenfalter, Weißling, den kleinen Fuchs und Distelfalter. Eine der größten Schmetterlingstankstellen ist der Dost. Er öffnet seine Blüten erst im Juli. Sage und schreibe 60 verschiedene Falterarten können sich an seinen Blüten laben. Feldthymian bietet Futter für 24 Arten, gefolgt von Beifuß, Wermut, Gamander und Minze.

Kinderstube für Schmetterling und Co.

Doch Kräuterbeete sind nicht nur wichtige Nahrungsquellen für Insekten. Versteckt unter Blättern und an Stängeln von Fenchel, Dill, Ampfer und Thymian richten Schmetterlinge gern ihre Kinderstube ein, natürlich nur an Stellen, die in den Sommerwochen nicht regelmäßig beerntet und betreten werden. Der mittlerweile selten gewordene Schwalbenschwanz zum Beispiel sucht sich Doldenblütler wie Fenchel oder Dill, um seine Eier abzulegen. Wenn sie nicht gestört werden, schlüpfen aus den Schmetterlingseiern Raupen, die sich an den Blättern satt fressen und verpuppen. Wenn Sie Schmetterlingen, Wildbienen, Hummeln und anderen Insekten eine Heimat geben möchten, müssen Sie aus Ihrem Kräutergarten aber keine Wildnis machen. Ernten Sie so viele Kräuter wie Sie brauchen, aber lassen Sie in einer stillen Ecke oder am Saum einer Hecke einige Pflanzen unberührt stehen – als Refugium für die Insektenwelt. Sie können sich dann nicht nur an Schmetterlingen erfreuen – manche Gäste wie Marienkäfer werden es Ihnen danken und lästige Blattläuse vertilgen.

einfach gärtnern

Einige Kräuter wie beispielsweise Dill, Petersilie, Rucola, Borretsch, Basilikum, Tagetes oder Koriander können Sie gut vermehren, indem Sie selbst Samen gewinnen. Wählen Sie dazu die besten Pflanzenexemplare. Lassen Sie die Samen ausreifen. Damit sie nicht ausfallen, binden Sie ein dünnes Gazetuch um die Blüten. Dann trocknen Sie die Samen auf Küchenkrepp und füllen Sie sie in beschriftete Tütchen. Das Saatgut ist in der Regel ein Jahr keimfähig.

Links: *Eine gelungene Symbiose von Stein und Pflanze: Die Rasenkamille braucht nur wenige Zentimeter Erde, um Fuß zu fassen und zu einem duftenden Sitzpolster heranzuwachsen.*

Rechts: *Unter den Füßen Stein und Schotter, auf Nasenhöhe duftende Blütenpracht: Lavendelkissen und in Form geschnittener Buchs säumen einen Kiesweg im Garten.*

Asketen im Stein

Heiße, trockene Sommer, zehrende Winde und teils ergiebige Regengüsse im Winter prägen das Klima der Heimat der meisten mediterranen Kräuter. Es sind die karstigen Gebirgslandschaften am Mittelmeer. In exponierten Lagen, auf Felsen, in kargen Böden aus Kalkstein und Schotter wurzeln Lorbeer, Zistrose, Thymian, Rosmarin, Lavendel und andere Kräuter. Die mediterranen Halbsträucher haben sich an diese Bedingungen perfekt angepasst. Ihre Wurzeln können selbst aus tiefer Erde noch Wasser saugen, und ihre Blätter wappnen sich mit einem Schutzschild gegen die Verdunstung. Typisch sind die silbergrauen Blätter, die vor der Sonneneinstrahlung schützen, indem sie das Licht reflektieren. Manche Blätter sind hart und von einer Wachsschicht überzogen wie beim Lorbeer oder sie sind nadelartig wie beim Rosmarin. Manche können sich einrollen wie die Blätter des Ölbaums, um sich vor sengender Sonne zu schützen. Salbeiblätter wiederum wappnen sich mit feinen Haaren gegen Wind und Austrocknung.

Das Element dieser Kräuter sind Steine. Sie funktionieren wie ein Kachelofen. Wenn Sonnenstrahlen Mauern, Pflaster- oder Bruchsteine aufheizen, geben diese Wärme auch dann noch ab, wenn die Sonne längst untergegangen ist. Steine funktionieren außerdem wie ein Trockner. Nach starkem Regen nimmt über ihnen die Luftfeuchte rasch wieder ab. Genau das brauchen Thymian, Lavendel und Co.: Die Wurzeln ruhen im Schatten, die Blätter gedeihen in Trockenheit, Wärme und reichlich Sonnenlicht.

Symbiose von Pflanze und Stein

Machen Sie sich diese Ansprüche bewusst, wenn Sie ein mediterranes Kräuterbeet anlegen. Wenn Sie gewohnt sind, Küchengarten und Blumenbeete jedes Jahr mit reichlich Humus zu versorgen, erfordert das gärtnerisches Umdenken. Denn bei mediterranen Kräutern ist weniger mehr. Gibt man ihnen zu viele Nährstoffe, entwickeln sie kaum Aroma, gießt man zu viel, faulen sie. Nur auf trockenem, kargem Boden laufen sie zu Hochform auf. Ein mediterranes Kräuterbeet sollte deshalb einen wasserdurchlässigen Untergrund aus Steinen besitzen. Die oberen 30 cm dürfen aus Sand, Schotter, Kalksplitt und Erde bestehen. Dann können sich die Pflanzen mit den Wurzeln nicht nur mit Wasser versorgen, sondern auch Mineralien aufnehmen, die sie in die Blattoberfläche einlagern. So können sie den Winter bei uns besser überstehen.

Auch optisch gehen mediterrane Kräuter und Steine eine gelungen Allianz ein: Das silbergraue Laub von Lavendel, Currykraut, Wermut oder Eberraute strahlen mit ockerfarbenen Kalksteinen mediterrane Heiterkeit aus. Graue Schiefer- oder Granitplatten harmonieren mit purpurroten Kräuterpolstern von Thymian und Dost. Blau blühende Katzenminze und Ysop setzen in Kies- und Schotterflächen bunte Tupfer. Selbst in den Fugen von Steinplatten gedeihen Kräuter. Sandthymian, Quendel und Römische Kamille wachsen nur wenige Zentimeter hoch und weben duftende Teppiche. Das kriechende Bohnenkraut schmiegt sich auf Mauerkronen, und kriechender Rosmarin lässt seine Triebe in Kaskaden über Steine fallen.

Links: *Salbei, Thymian und Lavendel wachsen gern in der obersten Etage der Kräuterspirale. Hier sind die Wurzeln vor schädlicher Staunässe sicher.*

Rechts: *Quendel gehört zu den Trockenkünstlern unter den Kräutern. Kies- und Schotterbereiche sind die idealen Standorte für ihn.*

Mit Kräutern rund ums Mittelmeer

Von Griechenland über den Vorderen Orient und Nordafrika bis Spanien und Italien: Kräuter prägen jedes Land und jede Küche.

Grün, frisch, würzig

Ob Basilikum, Koriander, Rosmarin oder Thymian: Vom Frühjahr bis zum Herbst entfalten Kräuter ihre Aromen – ob frisch, getrocknet oder eingelegt.

Rechts: *Wer es bunt und blumig mag, erntet blühende Kräuterstängel und hängt sie zum Trocknen auf. Mischungen aus Blüten von Minze, Oregano, Ringelblume oder Koriander überzeugen mit einer zarten Duftnote.*

Unten: *Von den ersten Bärlauchspitzen im Frühling bis zu den letzten Rucolablättern im Herbst gibt es fast rund ums Jahr etwas zu ernten.*

Unsere Kräuterreise rund um das Mittelmeer auf den Seiten 28–45 möchte Sie dazu anregen, die wichtigsten Stellvertreter der mediterranen Kräutervielfalt kennenzulernen, in Ihren Garten zu holen und frisch zu genießen.

Das Herrliche an der Kräuterernte ist: Mit jedem Schnitt der Blätter und Triebe fördert man das Wachstum der Pflanzen und sorgt so für reichlich Nachschub. Schneiden Sie zum Ernten ganze Stängel ab und nicht nur einzelne Blättchen. Kräuterstauden wie Minze, Estragon,

Schnittlauch oder Oregano schieben dann aus ihrer Wurzel neue Triebe nach. Strauchige Kräuter wie Zitronenverbene, Rosmarin oder Salbei verzweigen sich durch den Ernteschnitt besser. Von Basilikum erntet man am besten die Triebspitzen. Dadurch wächst es buschig und entwickelt viele Blätter.

Der beste Zeitpunkt für die Ernte ist der Sommer: Jetzt konzentrieren sich Aromen und Inhaltsstoffe in den Blättern und Blüten. Bei den meisten Blatt- und Blütenkräutern ist das der Fall, kurz bevor sie aufblühen. Auch wenn Sie Kräuter für die Vorratshaltung schneiden, ist dies der beste Erntezeitpunkt. Schneiden Sie die Kräuter außerdem am Vormittag, wenn die Sonne die ätherischen Öle hervorlockt, aber die Verdunstung noch nicht eingesetzt hat.

Schonend verarbeiten

Viele aromatische Kräuter entfalten ihre Würze am besten, wenn man sie frisch verwendet. Verarbeiten Sie sie rasch, denn die Aromen und ätherischen Öle sind flüchtige Gesellen. Sie reagieren mit Sauerstoff und verfliegen bald.

- Nur wenn es wirklich nötig ist, sollten sie die Kräuter waschen und anschließend auf einem Küchentuch gut abtropfen lassen.
- Zerkleinern Sie die Kräuter erst kurz vor dem Verbrauch. Ein gutes Messer oder Wiegemesser sind ideale Utensilien, um Kräuter fein zu schneiden. Ich benutze auch einen Steinmörser, in dem ich die Kräuter mit grobem Meersalz und Knoblauch vermische und zu einer Paste verarbeite.
- Besonders gern verwende ich Kräuter mit Olivenöl und Balsamico zu Antipasti, zu Salat und Kräuterpasten und -soßen. Berühmte mediterrane Kräuterpasten sind Pesto, Pistou oder Gremolata, eine Marinade aus gehackter Petersilie, Knoblauch, Olivenöl und abgeriebener Zitronenschale.

- Zarte Blattkräuter wie Basilikum, Dill, Estragon, Koriander wandern erst ganz am Schluss in den Kochtopf oder in die Pfanne. So gehen ihre Aromen nicht verloren.
- Hartlaubige Kräuter wie Lorbeer, Rosmarin, Bohnenkraut, Thymian und Samenkörner wie Fenchel oder Koriander können die ganze Garzeit über mitschmoren. So gehen ihre Aromen nach und nach in die Soße über. Wer möchte, schneidet die Blätter von Rosmarin und Bohnenkraut vorher mit einem Messer ganz fein.
- Sie können Kräuter auch zu einem Sträußchen bündeln, im Topf mitsieden lassen und am Schluss wieder herausnehmen. Aus Frankreich stammt das Bouquet garni, ein Kräuterbündel aus Lorbeer, Petersilie, Thymian und einem Lauchblatt. Es gibt einer Rinderbrühe eine feinwürzige Nuance. Feinen Fischgerichten gibt ein Bouquet garni aus Fenchelgrün, Lorbeer und Zitronenthymian den letzten Schliff.

Kräuter trocknen

Nicht immer hat man frische Kräuter zur Verfügung. Dann verlängert ein Vorrat an getrockneten Kräutern in Gläsern und Dosen die Kräutersaison bis über die Wintermonate hinaus. Viele mediterrane Aromapflanzen können Sie leicht selber trocknen. Ihre Aromen sind erstaunlich gut haltbar. Auch entfalten manche Kräuter getrocknet andere Geschmacksnuancen als in frischem Zustand. Getrockneter Oregano beispielsweise schmeckt harmonischer und fruchtiger als frischer. Und Thymian,

Links: *Pesto Genovese aus Basilikum, Olivenöl, Knoblauch, Pinienkernen und Parmesan ist ein Klassiker. Kombinieren Sie auch andere frische Kräuter nach Gusto mit Traubenkern- oder Walnussöl, mit Cashewnüssen oder Kürbiskernen.*

Rechts: *Blüten-Eiswürfel mit Borretsch, Rosen, Salbei oder Veilchen sind eine pfiffige Idee für erfrischende Sommerdrinks und Bowlen.*

Rechts: *Das Bouquet garni aus Thymian, Rosmarin und anderen Kräutern bereichert langsam gegarte Gerichte.*

Unten: *Lavendel bewahrt – wie die meisten mediterranen Kräuter – sein Aroma auch getrocknet bis zu einem Jahr.*

Rosmarin, Zitronenverbene und Minze sind getrocknet intensiver oder würziger als in frischem Zustand.
Trockenkräuter sind vielseitig verwendbar. Sie können damit Ihre eigenen Würzmischungen zubereiten, etwa eine mediterrane Komposition aus Thymian, Majoran, Lavendelblüten, Rosmarin und Bohnenkraut. Probieren Sie auch selbst hergestelltes Kräutersalz. Dazu nimmt man die gleiche Menge grobes Meersalz und Trockenkräuter, zum Beispiel Liebstöckel, Schnittsellerie, Oregano oder Majoran. Vermengen Sie alles miteinander und füllen Sie die Mischung in eine Gewürzmühle.
Für Liebhaber blumiger Noten eignet sich folgendes Rezept: Trocknen Sie Blüten von Salbei, Schnittlauch, Ringelblume, Thymian und Tagetes. Streuen Sie die Mischung über den Teller und setzen Sie so fröhliche Farbtupfer in Quark, helle Soßen oder Suppen.

Kräuter in Essig und Öl

Eine traditionelle Methode zum Konservieren von Kräuteraromen ist das Einlegen in Essig oder Öl. Damit nichts schimmelt, sollten Sie unbedingt sauber arbeiten und Gläser und Flaschen vor dem Befüllen gründlich mit siedendem Wasser reinigen (→ Seite 15).
Für einen aromatischen Kräuteressig füllen Sie Weißwein- oder Apfelessig in eine hübsche Flasche und legen Sie jeweils drei bis vier Kräuterstängel darin ein. Am liebsten mag ich Estragonessig, aber auch Dillblüten, Lorbeerblätter oder Thymian sind lecker. Den Essig lässt man vor der Verwendung auf einer sonnigen Fensterbank drei Wochen ziehen.

Kräuter genießen

Zum Trocknen ernten Sie Kräuter während einer Schönwetterperiode. Breiten Sie sie auf Küchenkrepp aus oder binden Sie sie zu Sträußen, die sie kopfüber an einem schattigen, luftigen Ort aufhängen. Nach drei bis sechs Tagen sind die Kräuter trocken. Rebeln Sie Blätter und Blüten vom Stängel ab und füllen Sie sie unzerkleinert in Schraubgläser. Fest verschlossen und dunkel aufbewahrt sind sie ein Jahr haltbar.

Thymian – der Duft der Garigue

Sein Name ist Programm: Das altgriechische Wort *thymos* bedeutet Mut und Lebenskraft. Noch heute überzeugt er mit seinen wertvollen Eigenschaften – ob in der Hausapotheke, auf dem Speisezettel oder im Garten: Thymian *(Thymus vulgaris)* ist ein kräftiges, aromatisches und widerstandfähiges Kraut. Thymian ist eines der ältesten Heilkräuter. Bereits vor 5000 Jahren war er in den Hochkulturen Mesopotamiens und Ägyptens bekannt und wurde schon in den Keilschriften auf Tontafeln erwähnt. Aufgrund der antiseptischen und desinfizierenden Wirkung seiner ätherischen Öle nutzte man ihn für viele Zwecke. Archäologen entdeckten Spuren von Thymian in dem Balsam, mit dem die Ägypter ihre Pharaonen mumifizierten. Im antiken Griechenland und in Rom brachte man mit Thymian den Göttern Rauchopfer dar. Die beim Räuchern aufsteigenden Aromen sollten den Geist beflügeln und die Vitalität steigern.

Im ersten Jahrhundert nach Christus pries der berühmte Arzt Dioskurides Thymian in seinen medizinischen Schriften. Mit den Klostergründungen durch die Benediktiner tauchte der Thymian schließlich in Mitteleuropa auf, wo er in den Klostergärten als Arzneipflanze kultiviert wurde.

Die Wirkung der Rezepturen aus den Abteien wurde inzwischen wissenschaftlich belegt. Thymian gilt als probates Mittel bei Erkrankungen der Atemwege, bei Verschleimung der Bronchien sowie bei Husten und Halsschmerzen. So findet Thymian nicht nur in Nasensprays und Hustenbonbons Verwendung, sondern zusammen mit Salbei auch als Gurgellösung.

Was den Thymian auszeichnet, ist der hohe Anteil an ätherischen Ölen. Die wichtigsten sind Thymol und Carvacrol. Dass ihre keimtötende Wirkung nicht nur von medizinischem Nutzen ist, erfuhr ich vor Jahren in einem Dorf in Portugal, das noch keinen Strom besaß. Die Bewohner bewahrten Fleisch auf, indem sie es in Olivenöl, Thymian und Knoblauch einlegten. Man nannte das eine »conserva«. Die Schnitzel blieben so einige Tage frisch, schmeckten nach den Kräutern und waren herrlich zart.

Unten: *Der Echte Thymian oder Gartenthymian hielt schon vor Jahrhunderten Einzug in unsere Gärten. Damit er möglichst viele ätherische Öle produziert, braucht er einen sonnendurchfluteten, warmen Platz, der seinem Heimatstandort nahe kommt. Er mag es trocken und steinig und wünscht etwas Abstand zu den Nachbarpflanzen.*

Unverwüstliches Kraut aus der kargen Garigue

In den Garigues, den Pflanzengesellschaften aus immergrünen Sträuchern der kargen Gebirgslandschaften Südfrankreichs, Liguriens und der Küsten des Mittelmeers, begegnet man dem wilden Thymian, entlang alter Fußwege, zwischen Kalkstein und Geröll. Mit seinem gekrümmten Wuchs trotzt der niedrige Strauch der glühenden Sonne im Sommer und den strengen Temperaturen im Winter. Seine silbergrünen,

nadelförmigen Blätter sind gesättigt mit aromatischen Ölen, die in der Sonnenglut in die Luft aufsteigen – sie prägen den unverkennbaren Duft der Garigue. Es gibt über 300 Thymianarten. Ihr Gehalt an Inhaltsstoffen schwankt je nach Art und Standort. Da Thymian seine Aromastoffe nur bei genug Sonnenlicht und nur in mineralischem Boden aufbaut, ist die richtige Standortwahl entscheidend – er braucht einen trockenen, warmen Platz und mageren Boden.
Der Echte Thymian, der wild nur in mediterranen Gegenden vorkommt, ist sehr reich an Wirkstoffen. Die Gartenform enthält dagegen nur etwa halb so viele ätherische Öle. Auch die bei uns heimischen Arten, der Feldthymian und der Sandthymian, besitzen weniger Aromen. Trotzdem sind sie im Garten unverzichtbar: Sie haben einen polsterartigen Wuchs und eignen sich als blühende Teppiche im Steingarten. Zitronenthymian und Orangenthymian wiederum überzeugen mit einem sehr fruchtigen Aroma und sind eine delikate Bereicherung für die Dessertküche.

Kraut der Provence

Thymian schmeckt intensiv und kräftig. Für provenzalische Gerichte ist er unentbehrlich, etwa für Kaninchen und Lammkeule aus dem Backofen, für Huhn, Rinder- und Schweineschmorbraten, für Wild und Bohnen, Linsen und Kartoffeln. Er passt wunderbar in deftige Eintöpfe wie Cassoulet, Pot au Feu oder Ratatouille. Und er würzt auch die berühmten Kutteln auf Nizzaer Art. Der Geschmack von Thymian variiert, je nachdem ob man ihn frisch oder getrocknet verwendet. Frisch schmeckt Thymian pfeffrig-scharf, in getrocknetem Zustand überwiegt ein erdiger Unterton. Thymian ist zwar immergrün, aber ich ernte ihn am liebsten, wenn er gerade aufblüht. Blühende Stängel haben ein sehr intensives Aroma und sehen obendrein dekorativ aus, etwa auf Kurzgebratenem. Frischen Thymian gibt man ganz am Schluss der Garzeit dazu. Getrocknete Thymianstängel gart man bei Schmorgerichten in der letzten halben Stunde mit.
Thymian ist ein typischer Bestandteil der berühmten Trockenkräutermischung »Herbes de Provence«. Die klassische Mischung, die man kaufen oder natürlich ganz nach eigenem Gusto selbst herstellen und abwandeln kann, besteht aus getrocknetem Thymian, Majoran, Rosmarin, Bohnenkraut sowie aus einigen Lavendelblüten.

Links: *Thymiansorten mit Orangen-, Zitronen- oder Kümmelgeschmack verdanken wir den natürlichen Varianten innerhalb einer Thymianart. Gärtner und Züchter spüren solche aromatischen Varietäten auf, vermehren sie per Steckling und bringen sie auf den Markt.*

Rechts: *Fleisch verträgt kräftige Würze. In der mediterranen Küche brät man Steaks gern in Olivenöl und Knoblauch an, würzt mit einem Zweig Thymian oder Rosmarin und löscht mit Rotwein ab.*

Links: *Mit den gekrümmten Zweigen und dem dichtem Nadelbesatz wirkt der Kriechende Rosmarin fast wie ein Nadelgehölz.*

Unten: *Herber Rosmarinduft am Morgen macht wach und bringt den Kreislauf in Schwung.*

Rosmarin – Tau des Meeres

Was wäre ein Kräutergarten ohne Rosmarin? Die himmelblauen Blüten und tiefgrünen Nadeln des immergrünen Halbstrauchs wecken Assoziationen an eine südliche Landschaft mit Felsen und Meer. Berührt man die Zweige, entweicht ein starker Duft mit einem Anklang von Pinie, Eukalyptus und Kampfer – als ob eine frische Brise den Kopf durchpustet. Rosmarin wächst wild an den steinigen Küsten des Mittelmeers, wo er die Meeresfeuchtigkeit der Nacht in seinen Blättern sammelt. So erklärt sich auch sein Name, der vom lateinischen *ros maris* abgeleitet ist, was bedeutet: »Tau des Meeres«. Wilder Rosmarin *(Rosmarinus officinalis)* wird bis zu 2 m hoch und bildet dichte Hecken. Wie schade, dass unser Winter ihm das Leben so schwer macht.

Kachelofen und trockene Füße

Wenn Sie ein Rosmarinfan sind, werden Sie alles versuchen, um diese Pflanze in Ihrem Garten anzusiedeln. Die Chancen stehen gut, wenn Sie in einer Gegend mit Weinbauklima wohnen und über einen geschützten Garten oder Innenhof verfügen. Doch nicht nur die Minusgrade sind ein Stressfaktor im Winter, Bodennässe und ein regnerischer Herbst machen ihm ebenso zu schaffen.
Setzen Sie Rosmarin vor eine nach Süden gerichtete Hauswand, wo er sich wie an einen Kachelofen anlehnen kann. Eine Mauer oder Hecke auf der Wetterseite ist genauso wichtig, denn sie wehrt im Winter eisige Winde ab. Pflanzen Sie ihn in gut dränierten Boden, wo das Wasser rasch abfließt. Lehmboden sollten Sie mit Sand und Schotter abmagern.

Sorten mit hellen Blütenfarben sind robuster als solche mit tiefvioletten Farben. Entscheiden Sie sich beim Kauf für eine weitgehend winterharte Sorten wie 'Arp' oder 'Veitshöchheim'.
Einfacher ist es, Rosmarin im Gefäß zu halten. Vor dem Winter bringen Sie den Kübel dann an einen kühlen, hellen Platz, etwa an ein helles Garagenfenster oder einen Platz im Treppenhaus. Schon ab März kann er wieder nach draußen. In einem edlen Stein- oder Terrakottagefäß ist Rosmarin ein Schmuckstück für jeden Innenhof und jede Terrasse.

einfach gärtnern

Rosmarin übersteht den Winter besser, wenn die Blätter im Herbst aushärten. Ab August bekommt er keine Nährstoffe und kaum noch Wasser, damit die Blätter reifen. Als »Frostschutzmittel« lagern sie jetzt Zucker und Eiweiß ein und werden härter. Je trockener Rosmarin steht und je weniger Saft in den Blättern fließt, desto geringer ist die Gefahr, dass er erfriert. Wichtig: Schützen Sie ihn mit einem Vlies gegen den Wind und die Wintersonne.

Links: *Im Windschatten eines Hauses oder einer Mauer fühlt sich Rosmarin wohl. Wächst er geschützt, erhöht sich die Chance, dass sich der wärmeliebende Strauch auf Dauer fest im Garten verwurzelt.*

Rechts: *Rosmarin und Kartoffeln ergänzen sich hervorragend. Das einfache Gericht verlockt mit betörendem Duft.*

Geben Sie ihm einen Ehrenplatz: Neben dem Liegestuhl können Sie sein Aroma in vollen Zügen genießen. Eine meiner Lieblingssorten ist der Kriechende Rosmarin (*Rosmarinus officinalis* 'Prostratus'). Er überwuchert Mauern und Kräuterspiralen. Auch im Hängetopf kommt er gut zur Geltung.

Vitalisierend und kräftig

An einem frischen Rosmarinzweig zu riechen, macht wach im Kopf. Wer morgens ohne Kaffee in Schwung kommen will, trinkt eine Tasse Rosmarintee. Er fördert die Durchblutung und stimuliert den Kreislauf. Rosmarin stärkt den Organismus und die Verdauung. Rosmarinwein gilt als vitalisierendes Tonikum. Dazu lässt man drei Rosmarinzweige fünf Tage in einer Flasche Weißwein ziehen, entfernt die Triebe und trinkt täglich vor dem Essen ein Likörgläschen davon.
In Rotwein und Knoblauch geschmortes Kaninchen oder Lammkeule mit Rosmarin schmecken herzhaft-köstlich. Das kräftige Aroma passt zu Grillfleisch. Und seine holzigen Zweige kann man auch als Fleischspieße verwenden. Rosmarin adelt aber auch einfache Gerichte wie Ofenkartoffeln mit Olivenöl.
Da die Blätter etwas hart sind, gebe ich ganze Zweige in das Kochgut und fische sie am Ende wieder heraus. Frische, zarte Triebe können Sie auch mit dem Messer fein schneiden und am Ende der Garzeit dazugeben. Wenn Sie Rosmarinzweige trocknen, lassen Sie die Nadeln ganz. Erst bei Gebrauch zerstößt man die Blätter im Mörser oder zerreibt sie mit den Fingern. Getrocknet schmeckt Rosmarin ein bisschen herber als frisch.

Salbei – ein Kraut mit starken Eigenschaften

Rechts: *Gelbbunter, weißbunter, Dreifarbiger, Purpur- und Dalmatinischer Salbei sind verschiedene Spielarten des mediterranen Salbeis. Sie sind aber nicht ganz so frosthart wie die ursprüngliche Art.*

Unten: *Die auffälligen Lippenblüten sind nicht nur für Hummeln und Honigbienen eine Wucht, sie schmücken auch jeden Ziergarten.*

»Warum sterben, wenn man Salbei im Garten hat?«, lautet kühn ein Volksspruch aus dem Mittelalter. Seit alters dichteten die Menschen dem Echten Salbei *(Salvia officinalis)* wundersame Eigenschaften an. Sie sahen in ihm ein Symbol für ein langes Leben. Was mag der Grund dafür sein? Vielleicht, weil Salbei so viele Jahre im Garten überdauert. Vielleicht, weil er sich jedes Frühjahr nach einem Schnitt mit frischen Trieben rundum erneuert. Dass Salbei ein äußerst vitales Kraut ist, kann ich bestätigen. Meine aus Samen gezogenen Salbeisträucher wurzeln seit drei Jahrzehnten in meinem Garten – gealtert, holzig, aber unversehrt und ertragreich. Der Name *Salvia* kommt vom lateinischen Wort *salus*, das Gesundheit, Heil und Wohlbefinden bedeutet. Im antiken Rom nutzte man Salbei wegen seiner desinfizierenden, heilenden und stärkenden Eigenschaften. Salbei galt als das Allroundkraut schlechthin. Im Gepäck der Legionäre gelangte er nach Mitteleuropa. Und in Walahfrid Strabos Lehrgedicht über den Klostergarten Reichenau steht Salbei an erster Stelle. Seine medizinische Bedeutung ist heute nachgewiesen. Die keimhemmende Wirkung beruht auf einer Kombination von ätherischen Ölen und Gerbstoffen. Salbeitee leistet bei Halsweh, Erkältung und Magen- und Darmproblemen gute Dienste. Allerdings sollten Sie den Tee wegen dem darin enthaltenen giftigen Thujon nicht über längere Zeit trinken. Eine gute Alternative ist Spanischer Salbei – er enthält kein Thujon.

Graue Eminenz im Garten

Zur Gattung Salbei gehören 800 Arten weltweit. Der Echte Salbei, die mediterrane Wildform mit den graugrünen Blättern, ist der bekannteste. Im Kräutergarten setze ich die graue Eminenz gern als Leitpflanze und gruppiere die anderen Kräuter um sie herum. Salbei ist äußerst genügsam. In einem kargen, steinigen Boden kommt er ebenso zurecht wie in einer Rabatte. Auch ein extrem trockener Sommer kann ihm nichts anhaben. Mit seinen filzig-ledrigen Blättern wehrt er die Sonnenstrahlen ab. Ein ästhetischer Genuss sind die verschiedenen Sorten des Echten Salbeis. Pupursalbei, Salbei mit weiß- oder gelbgrün panaschierten Blättern oder der Dreifarbige Salbei sind echte Hingucker im Kräuterbeet. Mit ihren spektakulären Blattfarben sehen sie mit dunkelgrünen Pflanzen wie Buchs oder Lorbeer umwerfend aus. Empfehlenswert ist auch die Sorte 'Berggarten' sowie der Dalmatinische Salbei. Ihre breiten Blätter sind für die kreative Salbeiküche wie geschaffen. Haben Sie schon einmal Salbeiblätter in Pfannkuchenteig ausgebacken? Wenn nicht, dann sollten Sie es probieren. Übrigens: Alle echten Salbeiarten, auch die bunten, enthalten antibiotische Wirkstoffe und taugen sehr gut als Erkältungstee.

Eine Salbeisorte, die mir besonders gut gefällt, ist 'Nazareth'. Ihre silberweißen, samtigen Blätter sind dicht behaart und schmecken nicht zu herb, sondern eher süß. Deswegen nennt man die Sorte auch Marzipansalbei. Ich finde, sie gibt dem Garten auf besonders schöne Weise mediterranes Flair. Ebenso empfehlenswert ist der zweijährige Muskateller-Salbei *(Salvia sclarea)*. Die Stängel mit Hunderten zartlila, blauen oder weißen Blüten zu riechen, ist ein Erlebnis. Selbst wenn sie welken, verströmen sie noch lange Zeit ihren harzig-zitronigen Duft, mit dem man früher Wein aromatisierte. Auch einige tropischen Mitglieder der Salbeifamilie haben die Gärtnerherzen erobert, obwohl sie nicht winterfest sind. Ananas-Salbei, Honigmelonen-Salbei und Pfirsich-Salbei sind hocharomatische Blattdufter. Halten Sie sie als Kübelpflanze. Wenn Sie Ananas-Salbei rechtzeitig im Herbst ins Haus holen, blüht und duftet er weiter, auch wenn draußen frostige Temperaturen herrschen.

Würzkraut Norditaliens

Salbei schmeckt kräftig, fast etwas streng. Doch richtig zubereitet, ist er ein Genuss. Verwenden Sie Salbei besser frisch als getrocknet, dann ist er nicht so bitter. Kocht man die Blätter im Sud, behalten sie ihren typischen Geschmack, der ein bisschen an Medizin erinnert. Röstet man sie mit Butter oder Olivenöl, verlieren sie das Bittere. Sie werden kross und schmecken fein-würzig und etwas nussig.
Meine Empfehlung: Verwenden Sie Salbei in Pfannengerichten, etwa zu Bratkartoffeln. Einen besonderen Pfiff bekommen Spaghetti oder Polenta, wenn man am Schluss in Butter gebratene Salbeiblätter und Parmesan darübergibt.
Salbei ist ein beliebtes Würzkraut in der norditalienischen Küche. In der Toskana schmort man weiße Bohnen mit Salbei, die sogenannten Fagioli all'uccelletto. Venezianische Köchinnen und Köche braten Kalbsleber in Butter und mit Salbeiblättern und beträufeln sie mit Zitronensaft. Beliebt sind Saltimbocca – kleine, mit Parmaschinken und einem Salbeiblatt gespickte Kalbsschnitzel.
Um nicht zu dominieren, braucht der etwas herbe Salbei manchmal ein starkes Gegenüber. Gorgonzola kann eine gute Ergänzung sein. Ein Rezept aus der Lombardei sind Gnocchi alla lombarda. Man schmilzt die gleiche Menge Gorgonzola und Butter in einer Pfanne und gießt die Mischung auf die Gnocchi. Darauf kommen in Butter geröstete Salbeiblätter und Zitronensaft. Alles im Ofen kurz überbacken. Buon appetito!

Oben: *Mit ihren grauen Blättern machen Wermut und Edelrauten im Garten eine gute Figur. Trockenheit kann den zähen Gewächsen nichts anhaben.*

Rechts: *Bitterkräuter für Genießer: Ein Gläschen Süßwein, mit Wermut, Fenchel oder Melisse aromatisiert, wärmt den Magen vor dem Essen und macht Appetit.*

Wermut – bitter und süß zugleich

Schon ein winziges Wermutblättchen auf der Zunge schmeckt so bitter, dass man sich fragt, was dieses Kraut im Genießergarten zu suchen hat. Die Antwort kommt sozusagen aus dem Bauch. Denn hier bewirkt das herbe Kraut pure Wohltat. Wer sich nach fetten Speisen und üppigen Beilagen schwer wie ein Stein fühlt, wird einen bitteren Digestif schätzen. Ein paar Blättchen Wermut als Tee oder als Kräuterlikör sind dann das Richtige. Sie enthalten Absinthin und andere Wirkstoffe, die den Magensaft- und Gallenfluss in Gang bringen.

Hildegard und die mediterrane Lebensart

»Der Wermut ist sehr warm und sehr kräftig und ist der wichtigste Meister gegen alle Erschöpfung«, pries bereits Hildegard von Bingen das Kraut. Bei Magen- und Gallebeschwerden, Appetitlosigkeit, zur Regeneration des Körpers, Förderung des Stoffwechsels und gegen Arteriosklerose soll er helfen. Sie empfahl eine Kur mit Maiwein, der aus frischen, im Frühjahr gepflückten Wermutblättern besteht.

Von der bitteren Medizin ist es nur ein kleiner Schritt zu den feinen Aperitifweinen, die so zahlreich in den Bars in Südfrankreich und Norditalien aufgereiht sind. Es gehört zur südlichen Lebensart, den Tag mit einem Gläschen Vermouth oder Martini ausklingen zu lassen. Auf der französischen Seite nennt man den herb-würzigen Aperitif Noilly Prat und verwendet ihn auch zum Kochen.

Die »Grüne Fee«

Ende des 19. Jahrhunderts eroberte der Absinth, ein Kultgetränk, die Boheme Europas. Die »grüne Fee«, wie das Destillat aus Wermut, Anis, Fenchel und Melisse genannt wurde, erzeugte, im Übermaß getrunken, Rauschzustände und schädigte das Nervensystem. Oscar Wilde, Charles Baudelaire, Vincent van Gogh und viele andere verfielen diesem Getränk. Der hohe Anteil an Thujon zusammen mit dem konzentrierten Alkohol wirkte toxisch. In den 1920er Jahren

Kräuter genießen

Für einen Maiwein nach Hildegard von Bingen erhitzt man einen 3/4 Liter Süßwein (Muskateller oder Sauternes) mit 2 EL klein geschnittenen, frischen Wermutblättern bis zum Siedepunkt. Wer mag, gibt 2 EL geschälte Ingwerscheiben dazu. Etwa 10 Minuten ziehen lassen. Dann 1 EL Honig hinzufügen, alles durch ein Tuch filtern und abkühlen lassen. In einem Likörgläschen servieren und vor dem Essen als Aperitif genießen.

wurde Absinth verboten. Heute ist wieder ein grünes Kultgetränk aus Wermut auf dem Markt, aber mit einem sehr geringen Anteil an Thujon.
Wermut in geringen Mengen und als Tee getrunken ist unbedenklich. Wer aber auf Nummer sicher gehen will, nimmt Pontischen Wermut *(Artemisia pontica)*. Er enthält kaum Thujon und eignet sich gut, um mit Korn und Kandiszucker einen Kräuterlikör aufzusetzen.

Dufthecke und Mäuseschutz

Wermut *(Artemisia absinthium)* gehört zur Gattung der Artemisien oder Edelrauten wie Eberraute, Beifuß, Estragon, Pontischer Beifuß oder Provence-Wermut. Sie haben meist silbergraues, filigranes Laub und intensive Aromen, die schwer zu beschreiben sind. Mich faszinieren die Düfte von streng-herb bis süßmoschusartig, mit einer Spur Kampfer oder einem Tick Zitrone. Jede Artemisie riecht ein bisschen anders und manche erinnern sogar an bekannte Getränke, etwa an Cola.
Artemisien sind ideal für mediterrane Kräutergärten. Sie mögen Wärme und durchlässige Böden, sind sehr robust und schnittverträglich. Wermut dominiert schnell die anderen Pflanzen. Geben Sie ihm daher einen Platz am Rand des Beets. Fenchel, Kümmel, Melisse, Salat und Gemüse entwickeln sich in seiner Nachbarschaft nur schlecht. Johannisbeersträucher schützt er jedoch vor Pilzkrankheiten.
Wenn Sie Mäuse im Garten haben, können Sie versuchen, sie mit abgeschnittenen Wermutzweigen in den Gängen zu vertreiben. Die schädlingsabwehrenden Eigenschaften des Wermuts sind überliefert. Die Mönche des Mittelalters mischten Wermut in Tinte, um Schriften vor Insektenfraß zu schützen. Ich verwende selbst gebundende Trockensträuße aus Lavendel und Eberraute, um Motten auf Distanz zu halten.

Links: *Das breitblättrige Genoveser Basilikum ist die bekannteste Variante. Zahlreiche andere Sorten warten auf ihre Entdeckung.*

Rechts: *Ebenso einfach wie unwiderstehlich: eine Soße aus gartenfrischen Tomaten, die noch Biss haben, gewürzt mit Salz, Pfeffer, Knoblauch und frischem Basilikum.*

Basilikum – ein königlicher Duft

Es gibt wohl kaum ein Kraut mit einem so harmonischen Bouquet: ein bisschen Anis, Pfeffer, Gewürznelken, Blütenduft sowie eine Spur Minze und Zitrone in ausgewogener Mischung. Basilikumduft weckt Wohlgefühle. Seine positive Wirkung ist wissenschaftlich bewiesen. Die ätherischen Öle wirken stimmungsaufhellend. Ist es da ein Wunder, wenn Basilikum, dessen Name übrigens »königlich« bedeutet, ganz oben auf der Hitliste der Küchenkräuter rangiert?

Tropischer Wuchs

Ist der Sommer warm genug, legt Basilikum einen geradezu tropischen Wuchs an den Tag. Reservieren Sie ihm den sonnigsten Platz im Garten und pflanzen Sie es erst ab Mitte Mai, wenn keine Nachtfröste mehr drohen. Basilikum braucht humosen, feuchten, nährstoffreichen Boden. Ich pflanze die Setzlinge in reichlich Kompost. Mein Tipp: Basilikumtöpfe, die man im Gartencenter kauft, sind viel zu dicht bestückt. Teilen Sie den Wurzelballen und setzten Sie die Pflänzchen einzeln oder in Grüppchen. Heute bietet der Markt mehrere Dutzend Basilikumsorten: Provencebasilikum, Zitronenbasilikum oder Basilikum mit krausen Blättern. Purpur-Basilikum setze ich als knalligen Farbtupfer zwischen Blumen. Griechisches oder türkisches Buschbasilikum mit seinen zierlichen Blättern und dem kugelrunden Wuchs ist in einem Topf vor dem Fenster prima aufgehoben. In Griechenland

gilt der Basilikumtopf vor dem Fenster übrigens als ein Symbol für Glück.
Die asiatischen Basilikumsorten unterscheiden sich deutlich im Geschmack. Statt dem blumigen Linalool dominieren Kampfer- und Anisnoten. Thai-Basilikum besticht mit einer Mischung aus Pfefferaroma und Lakritze. Der ungewöhnliche Geschmack ist das i-Tüpfelchen in asiatischen Wokgerichten. Tulsi, das heilige Basilikum aus Indien, ist dem Gott Vishnu geweiht und durfte früher in keinem Tempelgarten fehlen. Mit der ayurvedischen Medizin kam es nach Europa und ist in Bioläden als Tee erhältlich. Neu sind ausdauernde Sorten wie 'African Blue'. Sein Geschmack gleicht dem der asiatischen Basiliken. An einem ausreichend hellen Fenster können Sie 'African Blue' überwintern und so die Basilikumernte um Wochen verlängern.

Keine Küche ohne Basilikum

Basilikum lässt die Sonne aufgehen und bringt in jedes Sommergericht eine warm-würzige Note. Für Antipasti ist es unentbehrlich. Pesto – oder das französische Äquivalent Pistou – ist Basilikum in konzentrierter Form. Aus Ligurien kommt das Pesto Genovese aus Basilikum, Knoblauch, Olivenöl, Pinienkernen und Parmesan. Es passt zu Spaghetti, Grillfleisch, Ziegen- und Schafskäse.
Um auch im Winter Pesto zu genießen, konservieren Sie Basilikumblätter mit Salz und Olivenöl in einem Glas.
Und wirklich untrennbar ist Basilikum mit Tomatensoße, Knoblauch und Olivenöl verbunden. Im ländlichen Italien ist es üblich, Flaschentomaten einzumachen und mit Basilikum zu aromatisieren – jede Familie hat ihr eigenes Rezept.

Links: *Rotblättrige Basilikumsorten schmecken aromatisch, dekorieren jeden Teller und machen obendrein eine hervorragende Figur in jedem Blumenbeet.*

Rechts: *Das ausdauernde Basilikum 'African Blue' ist in seiner Vitalität kaum zu bremsen. Es wächst noch im Topf, auch wenn die Gartensaison längst zu Ende ist.*

Minze – erfrischend und belebend

Nichts erfrischt und belebt besser an heißen Sommertagen als Minze. Auf Fahrradtouren durch Frankreich wurde Diabolo menthe zu meiner kleinen Leidenschaft: Diese Limonade mit grünem Minzensirup verbreitet Schluck für Schluck wohltuende Kühle und macht wieder fit für die nächste Etappe. Dass Minze in den heißen Mittelmeerländern so beliebt ist, verwundert nicht. Schließlich ist ihr erfrischender, kühler Geschmack einfach unvergleichlich. In Marokko treffen sich Männer nachmittags in den Souks, den schattigen Marktgassen der Städte, um Nana-Tee zu genießen, der in kleinen Gläsern serviert wird. Diese Mischung aus Schwarz- oder Grüntee, Minze und viel Zucker ist das Nationalgetränk in Marokko. Aber auch in den anderen arabischen Ländern rund um das südliche und östliche Mittelmeer sowie in der Türkei genießt man dieses Getränk.

Unten: *Tea time auf arabisch: Unter der südlichen Sonne nimmt man sich Zeit, um Minzetee zu trinken. In Marokko heißt er auch Nana-Tee. Man überbrüht in einer Kanne Grün- oder Schwarztee, gibt pro Tasse zwei bis drei frische Minzestängel und viel Zucker dazu. Den Tee ziehen lassen, servieren und Schluck für Schluck genießen.*

Minzen über Minzen: Eine Patchworkfamilie

Minzen bilden eine Pflanzengattung mit unzähligen Arten und Sorten, bei der man leicht den Überblick verliert. Walahfrid Strabo, der Abt des Klosters Reichenau, sagte einst: »... wer aber Kräfte, Arten und Namen der Minzen vollständig aufzählen kann, weiß auch bestimmt, wie viel Fische im Roten Meer sich tummeln.« Nun ja, ganz so viele sind es nicht, aber eines steht fest: Es gibt nicht nur viele verschiedene Minzen, sondern sie kreuzen sich untereinander, wie es kommt. Dadurch entstehen ständig neue Varietäten – es entsteht eine große »Patchworkfamilie«. Ganz grob kann man Minzen nach ihrem Mentholgehalt unterscheiden.
Um das Jahr 1700 kreuzte in England ein Botaniker die heimische Wasserminze *(Mentha aquatica)* und die Ährenminze *(Mentha spicata)*. Dabei entstand die Englische Pfefferminze (*Mentha* × *piperita*) mit dem typischen, scharfen Aroma und dem kühlen Nachgeschmack. Diese Kreuzung trägt den Sortennamen 'Mitcham'. Sie ist reich an Menthol, aber leider etwas anfällig gegen Pfefferminzrost. Deshalb sind für den Garten eher robustere, neuere Züchtungen zu empfehlen wie etwa die Thüringer Minze *(Mentha × piperita* 'Multimentha') oder die Neuheiten der Bayerischen Landesanstalt für Bodenkultur und Pflanzenbau, die sogenannten BLBP-Minzen. Beispiele sind die Sorten 'Agnes' und 'Pluto'. Sie sind sehr vital, gesund und enthalten viel Menthol.
Eher fruchtig duftet die Orangenminze, deren Aroma ein wenig an Bergamotte erinnert. Mögen Sie Earl Grey Tee? Dann probieren Sie eine Mischung aus Orangenminze und Schwarztee. Und wer die original englische Mint-Soße

Links: *Zarte, junge Blätter der Ananas-Minze duften besonders fruchtig.*

Unten: *Marokkanische Minze schmeckt fein-würzig und eignet sich für die herzhafte mediterrane Küche.*

schätzt, sollte die englische Grüne Minze anbauen. Sie schmeckt intensiv und kräftig. Die Marokkanische und die türkische Nane-Minze (*Mentha spicata* var. *crispa*) schmecken dagegen fein-würzig. Beide sind nicht nur für den arabischen Tee unverzichtbar, sondern geben auch zahlreichen arabischen und nordafrikanischen Gerichten die besondere Note.

Vagabunden im Kräuterbeet

Wenn Sie Anfänger im Garten sind, rate ich Ihnen, Minzen anzubauen – denn dabei kann kaum etwas schiefgehen. Minzen brauchen zwei Voraussetzungen, um gut zu gedeihen: Anders als die meisten übrigen mediterranen Kräuter lieben sie feuchten Lehmboden und reichlich Humus. Am besten geben Sie den Minzen deshalb ein eigenes Beet, das Sie regelmäßig mit einer ordentlichen Gabe Kompost »füttern«.
Minzen sind Vagabunden: Sie wuchern gern und wandern mit ihren unterirdischen Ausläufern durch den Garten. An diesen oft meterlangen Sprossen reihen sich, wie Perlen auf einer Kette, Knospen, Blatttriebe und Wurzeln. Wenn Sie Minze vermehren wollen, schneiden Sie einfach einen Sprossabschnitt ab und verpflanzen Sie ihn. Dort, wo sie überhandnehmen und stören, reißen Sie sie aus oder topfen Sie die Ableger als Geschenk für Freunde ein.

Kühlendes Küchenkraut

In der Küche der arabischen Länder rund um das südliche und südöstliche Mittelmeer, in Asien und in England ist Minze unverzichtbar, ob in Joghurtsoßen, zu Fleisch, Gemüse oder in Süßspeisen. Ihre kühlende Wirkung entfaltet Minze am besten in leichten Sommergerichten wie kalter Gurkensuppe aus dem Iran oder im arabischen Tabbouleh, einem Salat aus Weizenschrot, Tomaten und Minzeblättern. In der Türkei kommt kaum ein Hammelgericht ohne Minze aus, und an heißen Sommertagen trinkt man Ayran, ein Joghurtgetränk, aromatisiert mit Minze. Im Iran und in der Türkei verwendet man Minzeblätter auch getrocknet. Man schwitzt sie in Olivenöl an und gibt sie über Linsen- und Bohnengerichte oder zu Lamm. Probieren Sie auch einmal einen Salat, der mit klein geschnittener Minze und Zitronenmelisse gewürzt ist. Und ganz ausgezeichnet passen Minzeblätter zu Desserts wie Obstsalaten, Erdbeeren mit Schlagsahne, Quarkspeisen und Schokoladendesserts.

Kräuter genießen

Lust auf Diabolo menthe? Nehmen Sie je eine Tasse kleingehackte Minzeblätter, Zucker und Wasser. Geben Sie alles in einen Topf und lassen Sie es 5–10 Min. köcheln. Geben Sie den Sirup durch ein Sieb und füllen Sie ihn in eine saubere Flasche. Fest verschlossen ist der Sirup ein Jahr haltbar. Mit Mineralwasser oder Limonade vermischen – fertig ist der Diabolo à menthe.

Knoblauch und Co.

Im Sommer hängt zur Zeit der Ernte über den Feldern von Las Pedroñeras eine Duftwolke aus Knoblauch. In dem Landstrich auf der kargen Hochebene von Kastilien-La Mancha leben die meisten Familien vom Anbau des *ajo morado*, des violetten Knoblauchs. In den sandigen Böden der Region reifen die Knollen, bis sie dick und saftig sind. Die Bauern flechten sie zu prallen Zöpfen, um sie später auf den Märkten zu verkaufen. Spanien ist mit über 200 000 Tonnen pro Jahr nicht nur Europas größter Knoblauchproduzent, sondern auch das Land der eifrigsten Knoblauchesser: 1,5 kg der scharfen Knollen verzehrt jeder Einwohner pro Jahr.

Unten: *Schnittlauch und Winterheckenzwiebel überdauern Jahre im Garten, wenn man sie ab und zu teilt und verpflanzt. Das Beste ist: Ihre grünen Röhren liefern fast rund ums Jahr Vitamine.*

Gesunde Schärfe

Knoblauch *(Allium sativum)* stammt ursprünglich aus der asiatischen Steppe und gelangte schon vor etwa 5000 Jahren zur Zeit der ägyptischen Hochkultur in die Mittelmeerregion. Seine antibakterielle Wirkung war Stoff für viele Mythen. Im Volk galt er nicht nur als Mittel gegen Ansteckung, sondern sollte auch Vampire und böse Mächte vertreiben. Knoblauch gehört wie die Küchenzwiebel, Schnittlauch, Lauch und Bärlauch zur Familie der Liliengewächse. Allen *Allium*-Arten ist eines gemeinsam: Sie sind reich an Vitaminen, Mineralien und wertvollen Schwefelverbindungen. Ihre gesundheitliche Wirkung ist unbestritten. Sie beugen Arteriosklerose, Herz- und Kreislauferkrankungen vor und senken den Blutdruck und den Cholesterinspiegel.
Gegen die typische Duftfahne nach dem Verzehr gibt es allerdings kein Rezept. Weder das Kauen von Kaffeebohnen noch von Petersilienstängeln verhindert, dass der Geruch aus allen Poren dringt. Verantwortlich für die Ausdünstungen sind Lauchöle mit dem Wirkstoff Allizin. Sie entstehen aus Schwefelverbindungen in den Zellen und bilden sich erst, wenn Knoblauchzehen gequetscht oder klein geschnitten werden.

Allium-Gewächse im Garten

Von den *Allium*-Gewächsen ist alles essbar: Knolle, Laub, Blüten und Brutzwiebelchen. Mit einer geschickten Planung können Sie fast das ganze Jahr über die grünen Röhren und Blätter mit den wertvollen Vitaminen ernten.
Schnittlauch *(A. schoenoprasum)* treibt nach einer kurzen Ruhephase im Winter bereits im Januar wieder aus. Das können Sie nutzen und ihn ausgraben und am Küchenfenster antreiben. Auch Schnittknoblauch *(A. tuberosum)* oder der etwas kräftigere Chinesische Lauch

(*A. ramosum*) sind unkomplizierte Gartenkräuter. Die beiden aus Asien stammenden Pflanzen besitzen statt röhrenförmiger Blätter flache und bieten einen großen Vorteil: Sie schmecken nach Knoblauch, hinterlassen aber nicht die lästige Duftfahne nach dem Genuss. Manche Gärtnereien bieten sie deshalb unter dem Namen »Knoblauch ohne Reue« an. Obendrein sehen ihre Blüten im Kräuterbeet gut aus und duften erstaunlicherweise zart blumig.
Die Etagenzwiebel (*Allium* × *proliferum*) ist eine alte, weitgehend in Vergessenheit geratene Bauerngartenpflanze. Sie setzt Brutzwiebelchen in luftiger Höhe an, die für Nachkommen sorgen. So entstehen mehrere Stockwerke aus Zwiebelchen. Das ungewöhnliche Gewächs trägt auch im Winter grünes Laub.

Bauernspeise und Sterneküche

Heute gilt Knoblauch als der Inbegriff der mediterranen Küche und rundet jede kräftige Speise ab. Früher war er dagegen als Armenspeise verpönt. Don Quijote warnte seinen Knappen Sancho Pansa, weniger von den Knollen zu verzehren, um seine bäuerliche Herkunft nicht zu verraten. Doch inzwischen lieben Bäuerinnen, Hausfrauen und Sterneköche gleichermaßen die scharfen Knollen, ob für Fleisch, Fisch, Hülsenfrüchte, Gemüse oder zur klassischen Tomatensoße.
Knoblauch schmeckt unterschiedlich, je nachdem wie man ihn zubereitet. Roh ist er scharf, gegart milder. Brät man ihn zu lange an, wird er bitter. In ländlichen Regionen Spaniens liebt man Knoblauchsuppe, eine sehr deftige Speise, die den Körper in den kalten Wintermonaten fit hält. Sie besteht aus altbackenem Brot, Olivenöl, scharfem und süßem Paprika, Eiern und reichlich Knoblauch.
In spanischen Bars locken Tapas: in Olivenöl und Knoblauch eingelegte Gemüse, Pilze oder Meeresfrüchte. Die Paella ist ohne Safran und Knoblauch undenkbar, und Knoblauchhähnchen aus dem Backofen ist eine Delikatesse. Das in Stücke zerteilte Hähnchen schmort mit Weißwein, Olivenöl und viel Knoblauch. Rohen Knoblauch findet man in mediterranen Kräutersoßen und Dips wie Pesto, Pistou, Gremolata oder Tzatziki. Eine besondere Köstlichkeit ist Knoblauch »in the jacket«. Man schmort ganze Knoblauchzehen mitsamt der Schale mit Hähnchen oder Lammbraten im Backofen. Auf dem Teller drückt man den mild-würzigen Knoblauchbrei aus der Schale – ein Genuss.

Links: *Blüten sucht man beim Knoblauch vergeblich. Was sich in den bizarren Samenhüllen versteckt, sind Brutzwiebelchen, mit denen sich der Knoblauch fortpflanzt. Die Knollen, die man zum Verzehr erntet, sitzen in der Erde.*

Rechts: *In Spanien liebt man herzhafte Knoblauchgerichte, wie Knoblauchhähnchen aus dem Backofen. Man schmort die Hähnchenteile in Olivenöl, Weißwein und mit viel Knoblauch. Dazu passt Safranreis.*

Lavendel – die Seele der Provence

Wenn an Sommertagen Lavendelblüten ihren Duft verströmen, gönne ich mir gern eine Auszeit im Garten. In der Hängematte liegend genieße ich die Zeit mit Nichtstun. Ich vergesse die Hektik des Alltags, die Zeit steht still, und meiner Seele wachsen Flügel. Lavendelduft wirkt entspannend. Er ist klar und hat etwas Meditatives. Man kommt zur Ruhe und zu sich selbst.
Folgt man der Duftspur des Lavendels, landet man unweigerlich in der Provence. »Lavendel ist die Seele der Haute Provence«, schrieb der Schriftsteller Jean Giono. An den steinigen Südhängen des Mont Ventoux und des Lure-Gebirges, in 600–1600 m Höhe, wächst er wild und speichert die Kraft der Sonne in seinen Blüten. Daraus gewinnt man die unverwechselbare Essenz, die heilt, pflegt, reinigt und der Seele guttut. Seit Jahrtausenden weiß man um diese Eigenschaften und nutzt Lavendel in der Medizin, Kosmetik und Hygiene. Die Römer, Experten in Sachen Badekultur, leiteten seinen Namen von dem Begriff *lavare* ab, der »waschen« bedeutet. Lavendelöl ist heute das beliebteste ätherische Öl und wird für Parfüms, Reinigungsmittel und in der Aromatherapie verwendet.

Blaue Kissen

Ohne Lavendel ist ein mediterraner Kräutergarten kaum denkbar. Seine blauvioletten Kissen schmücken Steingärten, Kräuterbeete, Hauseingänge und Terrassen. Im Garten ist der Echte La-

Links: *Schön und heilsam: Lavendel wirkt ausgleichend auf das zentrale Nervensystem. Er beruhigt bei Stress, Schlafstörungen und vegetativen Beschwerden. Echtes Lavendelöl wirkt außerdem heilend bei Verletzungen.*

Rechts: *Dem Charme von Lavendelbeeten kann sich keiner entziehen. Hier begrenzt Echter Lavendel einen Kiesweg und lädt zum Spaziergang ein.*

schon gewusst?

80 Prozent der Ölproduktion der Provence geht nicht auf Lavendel, sondern auf Lavandin zurück, einer Kreuzung aus dem Echten Lavendel der Bergregion und dem Speiklavendel der wärmeren Ebene. Lavandin enthält fünf Mal mehr ätherisches Öl als Lavendel. Er duftet intensiv, besitzt jedoch nicht die Heilkraft des Lavendels. In der Provence heißt es: La lavande soigne, le lavandin nettoie – Lavendel pflegt, Lavandin reinigt.

vendel *(Lavandula angustifolia)* der beliebteste. Er ist von allen Lavendelarten am besten gegen Frost gefeit. Die Sorte 'Hidcote Blue' besticht mit tiefdunkler Blütenfarbe. Speiklavendel *(Lavandula latifolia)* wirkt mit seinen langen, verzweigten Stielen etwas raumgreifend. Aber sein intensiver, frischer Duft überzeugt. Schlanke Blütenähren sind das Markenzeichen der Lavendelhybride Lavandin (*Lavandula × intermedia*). Der »Botschafter der Provence« wirkt sehr elegant. Der niedrige Schopflavendel *(Lavandula stoechas)* fällt durch große Blüten auf, die nach Honig duften.
Sie können mit Lavendel einen formalen Garten gestalten und ihn, wie Buchs, zur Einfassung von Beeten verwenden. Da eine Lavendelhecke auch im Winter Blätter hat, prägt sie den Garten rund ums Jahr. Lavendel liebt Sonne, Wärme und mageren Boden. Eine Kalkgabe alle zwei Jahre tut gut, ebenso eine Mulchschicht aus hellem Split oder Kies.

Lavendel in der Küche

Lavendel als Duftsäckchen und Badezusatz ist seit Urgroßmutters Zeiten bekannt. Aber Lavendel als Gewürz? Hier gibt es einiges zu entdecken. In der provenzalischen Küche verfeinert man Gemüse, Fleisch und Fisch mit Lavendel. Verwenden Sie die Blüten – ob frisch oder getrocknet – sparsam, ihr markantes Aroma dominiert sonst andere Gewürze. Lavendel passt hervorragend zu Lamm. In Südfrankreich würzt man auch den Gemüseeintopf Ratatouille mit Lavendelblüten. Oder marinieren Sie für die nächste Grillparty Lammkoteletts mit Olivenöl und Lavendelblüten.

Links: *Lavendelblüten geben Süßspeisen eine blumig-würzige Note. Zu Gelees, Konfitüren oder Kompotts werden sie am Schluss dazugegeben und nur wenige Minuten mitgekocht.*

Rechts: *Für die Seifenherstellung benötigt man Rohseife, die man mit einer Reibe raspelt. Mit Lavendelblüten und ein paar Tropfen Lavendelöl knetet man die Masse, bis sie geschmeidig ist.*

Links: *Eine Oreganoart mit hübscher Wuchsform und kräftigem Geschmack ist der Französische Majoran.*

Unten: *Griechischer Oregano gedeiht in sonnigen Steingärten, die im Winter eher zur Trockenheit neigen. Sein feuriges Aroma entwickelt er zur Blütezeit.*

Würziges Duett: Oregano und Majoran

Oregano ist eines der beliebtesten Gewürze rund ums Mittelmeer. Von Sizilien bis Istanbul, von Sevilla bis Tel Aviv köchelt in unzähligen Kochtöpfen und Pfannen Oregano mit. Kein Tomatengericht, keine Pizza kommt ohne ihn aus. Die Griechen verehrten den wilden Oregano auf den Bergen Kretas einst als Heilpflanze und Aphrodisiakum. Und sie gaben ihm seinem Namen: Oregano kommt aus dem Altgriechischen und bedeutet »Schmuck der Berge«. In arabischen Ländern und Vorderasien würzte man mit Oregano schon zu Zeiten des Alten Testaments.

Aroma aus dem Steingarten

Oregano und Majoran zu unterscheiden, ist nicht ganz einfach. Sie gehören zu derselben Gattung, der Botaniker 49 Arten und Unterarten zuordnen, und ihre Blätter sehen sehr ähnlich aus. Nase und Zunge kann man jedoch nichts vormachen: Der Oregano aus den südlichen Ländern hat einen kräftigen, pfeffrigen, fast beißenden Geschmack mit

einer fruchtigen Note. Der Einjährige Majoran aus unseren Gärten ist milder, ein bisschen süß und etwas blumig.
Der Griechische Oregano *(Origanum heracleoticum)* ist der beste, heißt es. Sein Geschmack ist vollmundig und aromatisch. Etwas pfeffriger schmeckt der Italienische oder Sizilianische Oregano (*Origanum × majoricum*), der eigentlich eine Kreuzung aus Majoran und Oregano ist. Beide Oreganoarten sind bei uns winterfest und können mehrere Jahre überdauern. Ob sie in unseren Breiten allerdings so viele ätherische Öle entwickeln wie im Süden, hängt vom Standort ab – pflanzen Sie Oregano an die sonnigste Stelle im Garten.
Der bei uns heimische Dost oder Wilde Majoran (*Origanum vulgare* subsp. *vulgare*) besitzt dagegen kaum die Würzkraft seiner südlichen Verwandten. Dafür überzeugt er mit purpurnen Blüten als Nektarweide für Schmetterlinge. Der Echte Majoran *(Origanum majorana)*, das beliebte Wurstkraut, ist seit dem Mittelalter bei uns verbreitet. Da er nicht frosthart ist, wird er einjährig gezogen.

Pizzagewürz und Wurstkraut

Als Pizzakraut eroberte Oregano die Welt. Das pfeffrig-scharfe Aroma mit der fruchtig-sauren Note harmoniert perfekt mit Tomaten. Jede Tomatensoße, jede Bolognese gewinnt mit Oregano den typisch mediterranen Gout. Er wird überwiegend getrocknet verwendet, da er dann intensiver schmeckt. Natürlich können Sie Oregano auch frisch einsetzen, am besten, wenn er voll aufgeblüht ist. Oregano passt zu Grillfleisch, Eintöpfen und Gemüse. Die Griechen verwenden ihn gern zu Lamm, zu Souvlaki, Hackfleischbällchen und Joghurtsoßen. In arabischen Ländern würzt man Huhn, Lamm und Fisch mit Oregano oder Za'tar, wie man ihn dort nennt. Za'tar ist auch ein Sammelbegriff für Kräuter mit ähnlichem Geschmack, wie Thymian und Bohnenkraut. Aus diesen Kräutern und getrocknetem Sesam stellt man Gewürzmischungen her, die je nach Region unterschiedlich sind. Was südlich der Alpen die Verschmelzung von Tomaten und Oregano ist, ist nördlich der Alpen die Symbiose von Wurst und Majoran. Als Leberwurstgewürz hat Majoran Karriere gemacht, und die Thüringer Bratwurst wäre ohne ihn nicht denkbar. Majoran adelt deftige Speisen wie gebratene Leber und Gänsebraten. Ein klassisches Zweigespann ist Majoran mit Kartoffeln, ob als Bratkartoffeln oder Kartoffelsuppe. Eines ist aber seltsam: Majoran harmoniert zwar mit anderen mediterranen Gewürzen, aber nicht mit Oregano.

Oben: *Fladenbrote sind in der Türkei, in Griechenland und Indien weit verbreitet. Manguschi heißt ein palästinensisches Fladenbrot, das aus Hefeteig mit Olivenöl gebacken wird. Das Besondere daran: Bevor es in den Ofen kommt, wird es mit einer Mischung aus Za'tar und Olivenöl bestrichen. Frisch gebackenes Manguschi verströmt einen herrlichen Kräuterduft.*

Koriander und die globale Küche

Bei Koriander scheiden sich die Geister. Die einen geraten bei seinem Duft ins Schwärmen, die anderen wenden sich mit Schaudern ab. Das strenge, fast ein bisschen seifenartige Aroma von Stängel und Blättern löst bei ihnen Abwehr aus. Der Volksmund drückt es mit den Bezeichnungen Wanzen- oder Schwindelkraut treffend aus. Doch über Geschmack kann man bekanntlich nicht streiten. Tatsache ist, dass in vielen Ländern rund um den Globus leidenschaftlich gern mit Koriander gekocht wird. Wer einmal auf den Geschmack von Fisch, Meeresfrüchten und fernöstlichen Speisen mit Koriander gekommen ist, möchte sein Aroma nicht mehr missen. Ursprünglich stammt Koriander aus dem östlichen Mittelmeergebiet und dem Vorderen Orient. Die ältesten Korianderrezepte kennt man aus den Keilschriften der Sumerer. Auch in den Papyrusrollen aus dem alten Ägypten und im Alten Testament wird Koriander erwähnt. Man nutzte ihn damals überwiegend als Heilpflanze. Im Lauf der Jahrhunderte breitete sich das Kraut nicht nur in Europa, sondern auch in ganz Amerika, Afrika und Asien aus.

Unten: *Mit seinem eigenwilligen Geschmack hat Koriander weltweit die Herzen der Gourmets erobert. Man verwendet nicht nur die Blätter, Stängel und Wurzeln, sondern auch die grünen Samenkörner.*

Duft aus dem Küchengarten

Im Anfangsstadium sieht Koriander mit seinen breiten Blättern ein bisschen wie glatte Petersilie aus. Seine Entwicklung unterscheidet sich aber, denn er blüht schon im Jahr der Aussaat, Petersilie erst im zweiten Jahr. Wenn Koriander Blütentriebe ansetzt, entwickeln sich im oberen Teil der Pflanze zarte, gefiederte Blätter und später weiße und rosafarbene Doldenblüten. Aus ihnen entstehen die runden, hellbraunen Samen. Säen Sie Koriander direkt an Ort und Stelle in ein lockeres, humusreiches Beet. Wegen seiner Pfahlwurzeln lässt er sich später schlecht verpflanzen. Sobald Koriander blüht, bildet er keine richtigen Blätter mehr. Säen Sie Koriander deshalb im Abstand von drei bis vier Wochen immer wieder aus. So sichern Sie sich für die ganze Saison reichlich Nachschub. Regelmäßiges Gießen fördert den Blattzuwachs. Eine spezielle Blattkoriandersorte ist 'Cilantro'. Sie bildet mehr Blattmasse und schmeckt ein bisschen milder.

Von Koriander können Sie alles verwenden: Wurzeln, Stiele, Blätter, unreife und reife Samen. Im Mörser zerstoßen, verströmen sie ihr unvergleichliches Aroma. Ganz anders als die grünen Pflanzenteile schmecken die reifen Samen, die bei uns als Gewürz für Brot und Back-

waren beliebt sind. Da die reifen Samen leicht ausfallen, schneidet man die Stängel kurz vor der Reife ab, breitet sie auf Küchenkrepp aus und lässt sie trocknen.

Exotische Meeresküche

Korianderblätter schmecken eigenwillig, mit einem Anklang von Pfeffer, Ingwer und Zitrone. Sie harmonieren gut mit allem, was aus dem Meer kommt. Gerichte mit Muscheln, Garnelen, Hummer oder Fisch erhalten mit nur wenigen Korianderblättern einen besonderen Kick. Eine ungewöhnliche Mischung bietet ein Rezept aus Portugal: Carne de porco à alentejana besteht aus Schweinefleisch, Muscheln und Korianderblättern. Der Geschmack ist etwas ungewohnt, aber alles passt zueinander und die exotische Koriandernote ist das i-Tüpfelchen. Auch in der Açorda de mariscos, einem portugiesischen Gericht mit Garnelen, Knoblauch, eingeweichtem Brot und Eiern, spielt Koriandergrün die entscheidende Rolle. Kombiniert man Korianderblätter mit anderen Kräutern, lassen sich aparte, exotische Kräutersoßen kreieren. So gibt Koriander zusammen mit Minze, Basilikum, Petersilie und Zitrone eine unvergleichliche Würzpaste, die wunderbar zu Fisch, Fleisch und Gemüse schmeckt. Und in Mexiko bereitet man aus Koriander, Chili, Knoblauch und Limettensaft einen Fischsud zu.

Auch asiatische Köche würzen gerne mit Koriander. In thailändischen Kokosmilch-Suppen mit Garnelen, Fisch oder Huhn bringen Koriander, Knoblauch, Chili, Ingwer und Zitronengras den typischen Geschmack. Auch in Reispfannen und Wokgerichten mit Gemüse kommt Koriander gut zur Geltung. Geben Sie Koriander aber erst am Ende der Garzeit in das Gericht, sonst verblasst sein Aroma.

Aromatische Körner

Reife Koriandersamen schmecken würzig, holzig, ein bisschen süß, mit einem Tick von Orangenschale. Als Gewürz für Lebkuchen, Backwaren und Brot schätzen sie Bäcker und Hausfrauen seit Jahrhunderten. Korianderkörner machen zusammen mit Kümmel und Fenchelsamen das Brot bekömmlicher und sie verfeinern Kohlgerichte, Hackfleisch und Hülsenfrüchte. Ich röste Koriandersamen gern in einer Pfanne an, dadurch verstärken sich die Aromen. Anschließend werden sie in einem Mörser fein zerstoßen.

Links: *Ob im Topf am Küchenfenster, im Balkonkasten oder im Küchengarten hinterm Haus – wenn man den Samen regelmäßig nachsät, hat man Korianderblätter stets in greifbarer Nähe, um der Alltagsküche einen mediterranen Touch zu geben.*

Rechts: *In der portugiesischen Küche verwendet man gern Korianderkraut. Es passt zu Gambas, Fischfilet, Muscheln, Tintenfisch, aber auch zu Lamm, dicken Bohnen, Zwiebeln und Knoblauch.*

Pflanzideen für mediterrane Kräuter

Gut kombiniert und gekonnt gestaltet bereiten Kräuterbeete die Bühne für den Duft und die natürliche Schönheit der aromatischen südländischen Pflanzen.

Kräuter mit Stil

Kräuter können mehr als würzen und heilen. Viele sind wahre Schönheiten und machen Kräutergärten, Küchenbeete und Töpfe auf der Terrasse zu ästhetischen Blickpunkten.

Rechts: *Von himmlischen Düften flankierte Stufen: Mediterrane Kräuterpolster mit grauem und grünem Zypressenkraut sowie Spanisches Gänseblümchen säumen die Steintreppe und lockern die geraden Linien auf.*

Unten: *Mit ihrem kompakten, oft teppichartigen Wuchs eignen sich mediterrane Halbsträucher als duftende Partner in Blumenrabatten.*

Kräuterbeete nur auf ihren Nutzen zu reduzieren, ist zu kurz gegriffen, denn Kräuter wie Thymian, Lavendel oder Rosmarin sind auch Zierpflanzen. Und ihre Schönheit kommt erst in einem kunstvoll gestalteten Kräutergarten oder Kräuterbeet voll zur Geltung. Auf den folgenden Seiten finden Sie deshalb zunächst Informationen zu den verschiedenen Gartenstilen und den Grundlagen der Gestaltung. Auf den Seiten 58–79 lade ich Sie schließlich zu einem Sightseeing durch die verschie-

densten Kräutergärten ein. Sie bieten Ideen und Anregungen, wie Sie Ihren Kräutergarten individuell gestalten und ihm eine besondere Note geben können. Wenn Ihr Blick dann erst einmal geschult ist, werden Sie Kräutergärten mit ganz anderen Augen sehen. Sie entwickeln einen Blick für Perspektiven, Proportionen, Farben und Formen und lernen, Gartenräume zu gestalten. Schließlich soll sich im Kräutergarten lukullischer Genuss mit ästhetischen Gartenszenen verbinden.

Der persönliche Stil

Jeder Gartentyp hat seine besondere Ausstrahlung. Er bringt die Vorstellungen und das persönliche Empfinden seines Besitzers zum Ausdruck. Um den eigenen Stil zu finden, lohnt sich oft ein Blick über den Gartenzaun. Mittelalterliche Klostergärten sind von strengen, geometrischen Formen geprägt. Sie wirken klar strukturiert, es sind Gärten der Ruhe und Kontemplation. Ein ganz anderes Beispiel sind naturnahe Kräutergärten mit Hügeln, geschwungenen Wegen und einem Wasserlauf oder Teich. Solche Gärten imitieren eine Landschaft, deshalb wirken sie natürlich. Im kleinen Maßstab ist die Kräuterspirale hierfür ein Beispiel. Mediterrane Kräutergärten sind oft durch Steinmauern, Stufen, terrassierte Beete und Kübelpflanzen geprägt. Terrakotta, Kacheln und ähnliche Accessoires geben ihnen ein ästhetisches, heiteres Flair.

Grüne Räume

Natürlich sollten Sie sich bei der Entscheidung für einen bestimmten Gartenstil in erster Linie von Ihrem Geschmack leiten lassen. Bedenken Sie jedoch, dass Gärten immer in ein Umfeld eingebunden sind. Ob Vorgarten, Stadtgarten, schmaler Reihenhausgarten oder Garten im ländlichen Raum – die

Rechts: *Wie ein grüner Teppich breiten sich die in Form geschnittenen mediterranen Kräuter aus. Bald wird sich ein duftendes Blütenmeer aus Lavendel, Currykraut und Bergbohnenkraut entfalten.*

Unten: *Ein Kräuterbeet als Gemälde: Buntlaubige Salbeisorten, silbergraues Currykraut sowie dunkler und gelbblättriger Buchs setzen Farbakzente.*

grünen Oasen sehen nur dann gut aus, wenn sie mit der Architektur des Hauses und mit der Umgebung korrespondieren. In einen von Mauern und Hauswänden umgebenen Garten passen zum Beispiel symmetrisch angeordnete Kräuterbeete, weil sie ruhig wirken. Runde, geschwungene Beetformen können einen Kontrapunkt zu diesen geraden Linien setzen und für Spannung sorgen. Ein Blick in die Trickkiste der Gartenarchitekten hilft, Gartenräume spannend zu gestalten. So wirkt ein Garten interessanter und größer, wenn er nicht auf den ersten Blick überschaubar ist. Am Eingang zu einem Hinterhofgarten kann ein Olivenbaum oder ein Lorbeer im Kübel den Blick versperren. Die Kübelpflanze wirkt hier wie ein optischer Raumteiler. Der Besucher, der den Garten betritt, wird neugierig auf das, was sich dahinter verbirgt.

Kleine Gärten wirken geräumiger, wenn man sie nicht nur horizontal ausrichtet, sondern auch die Vertikale betont. Ein kleiner Baum, eine Weinlaube, ein Spalier mit Bougainvillea lenken den Blick nach oben. Auch ein Hochbeet, eine Kräuterspirale, ein Mauervorsprung mit Blumentöpfen sorgen dafür, dass sich der Garten über mehrere Etagen erstreckt und mehr Räumlichkeit entsteht. Sie können das Gelände auch modellieren und mit Bauschutt, Geröll und Steinen einen Hügel oder eine zweite Ebene aufschütten.

Lebenslustige Farbenspiele

Mit einem Kräuterbeet ist es wie mit einem Gemälde. Man empfindet es als schön, wenn die Proportionen stimmen, wenn Farben, Formen und Linien harmonisch aufeinander abgestimmt sind und wenn Spannung entsteht.

Im Kräuterrepertoire gibt es zahlreiche Stars, die nur darauf warten, ins rechte Licht gerückt zu werden. Viele Kräuter sind ausgesprochene Blattschmuckstauden. Die silbergrauen Blätter von Salbei, Lavendel und Currykraut fordern uns auf, sie mit anderen Blattfarben zu kombinieren, etwa mit moosgrüner Petersilie oder mit Bronzefenchel, mit dunkelgrünem Lorbeer oder gelbgrünem Oregano. Helle Blätter harmonieren besonders gut mit zarten Farben und verstärken den lichten, heiteren Charakter des mediterranen Kräutergartens: Zauberhafte Paare sind Currykraut neben gelbgrünem Thymian oder Edelrauten neben Tagetes. Oder Sie spielen mit Rot- und Blautönen und kombinieren Purpursalbei, Basilikum 'African Blue' oder Perilla mit blühendem Ysop, Lavendel oder Katzenminze. Lebhafte Kombinationen entstehen durch Komplementärfarben wie Violett und Gelb oder Blau und Orange, sanfte Gestaltungen durch elegante Ton-in-Ton-Kombinationen.

Mit panaschierten Blättern können Sie eine eindrucksvolle Wirkung erzielen. In meinem Beet steht beispielsweise weißbunter Salbei vor einer Buchshecke. Der Effekt ist grandios: Die weiße Blattzeichnung leuchtet unübersehbar vor dem dunklem Hintergrund.

Linien, Flächen und Struktur

Das Besondere an Kräutergärten ist ihr Wildstaudencharakter. Mit ihren verzweigten Stängeln, kleinen Blättern und Miniblüten wirken viele Kräuter filigran. Damit der Kräutermix nicht zu unruhig wird, braucht es ruhige Formen und Flächen, die ihn verbinden – etwa Polsterpflanzen, Thymianmatten oder geschnittene Buchskugeln. Auch Einfassungshecken aus Eberraute, Buchs oder Heiligenkraut geben dem Kräutergarten Struktur und betonen seine symmetrische Bepflanzung. Gut lässt sich das an den mit Buchs eingefassten Beeten in Barockgärten studieren. Das Prinzip wurde später in Bauerngärten übernommen.
Ein wichtiges Strukturelement sind Steine, ob als Objekte innerhalb des Beets, als Befestigung oder als Bodenbelag auf den Wegen. Auch sie verbinden optisch die einzelnen Pflanzen miteinander und lassen filigrane Blätter und zarte Blüten ruhiger wirken. Wenn Sie solche Strukturelemente einbauen, können Sie die unterschiedlichsten Pflanzen miteinander kombinieren. Stein, Buchs, Polsterpflanzen und Formhecken halten die Pflanzung zusammen und ermöglichen selbst auf kleinem Raum Vielfalt.

Rhythmus und Formen

Eine der wichtigsten Regeln großer Gartengestalter ist es, sich in einem Beet auf wenige Pflanzen zu beschränken, die sich in der Pflanzung wiederholen. So entsteht ein Rhythmus aus Formen und Farben. Kombinieren Sie aufrecht wachsende Pflanzen mit niederen, buschigen. Gute Partner mit verschiedenen Formen sind zum Beispiel Chinesischer Lauch und Basilikum, Currykraut und Pelargonien oder Zitronenverbene und kriechender Salbei.
Achten Sie beim Bepflanzen eines Beets auch auf die unterschiedlichen Höhen der Kräuter. Lorbeer, Wermut, Fenchel und Perovskia sind wahre Leuchttürme. Geben Sie ihnen einen Platz im hinteren Bereich oder im Zentrum des Beets und gruppieren Sie mittelhohe und niedrige Kräuter um sie herum. Kleine Pflanzen setzt man besser in Gruppen zu drei bis fünf, damit sie nicht untergehen.
Trotz dieser Regeln sollten Sie aber eines nicht vergessen: Ein Kräutergarten bleibt niemals gleich, er verändert sich von Jahr zu Jahr. Nach einem harten Winter sind vielleicht Kräuter erfroren, andere wuchern im Übermaß. Nutzen Sie diese Veränderungen, um neue Arten und Sorten zu pflanzen und alte Pflanzen zu versetzen. So bleibt der Kräutergarten immer lebendig.

Oben: *Abgeschiedene Gartenräume, symmetrische Formen, Brunnen und Zitruskübel sind Stilelemente italienischer Renaissancegärten.*

Rechts: *Kacheln mit blauen Ornamenten, warme Farbtöne, Minze, Lavendel und Zyperngras im Terrakottatopf prägen diesen Innenhof im maurischen Stil.*

Gärten wie aus 1001 Nacht

Die Gärten rund ums Mittelmeer erzählen jahrtausendealte Geschichten. Sie wurden von der griechischen, römischen, arabischen und jüdischen Kultur geprägt und haben sich über die Jahrhunderte hinweg stetig verändert. Ein großartiges Beispiel ist die berühmte Alhambra in Granada mit ihren charakteristischen grünen, schattigen Innenhöfen, die eine wunderbar private Atmosphäre ausstrahlen.
Heute sind Gärten in mediterranen Ländern meist alltagstaugliche, begrünte Wohnzimmer im Freien. Im Patio, dem Innenhof, spielt sich ein Großteil des Familienlebens ab. Dort spielen die Kinder, man putzt Gemüse, grillt Fisch und Fleisch, empfängt Freunde und trinkt ein Gläschen Rotwein. Mit Blumenkübeln und Kräutertöpfen, einer schattenspendenden Pergola, einem Zitronen- oder Olivenbaum bildet er einen intimen, abgeschlossenen Raum.
Doch im Grunde kann man nicht von einem einheitlichen mediterranen Garten sprechen. Es sind vielmehr diverse Stilelemente, die mediterrane Gärten prägen. Sie können diese Elemente auch in Ihrem Garten aufgreifen und auf vielfache Weise einsetzen. Lassen Sie sich inspirieren von den Gärten aus 1001 Nacht. Bedienen Sie sich aus dem Fundus der mediterranen Gartenkultur, um den eigenen Kräutergarten, die Terrasse oder den Innenhof zu gestalten. Vielleicht wird Ihre gärtnerische Fantasie und Kreativität angeregt und selbst in Hamburg oder München entstehen wie durch Zauberhand Gärten mit südlichem Flair, leicht, verspielt und locker, so wie es Ihnen gefällt.

Ocker, Stein und Silberlaub

Südliche Gärten im Renaissancestil sind eng an das Wohnhaus gebunden und von Mauern umgeben. Der Besucher schreitet durch Torbögen, Laubengänge oder über Steinstufen und wird von faszinierenden Einblicken und Perspektiven gefangen genommen. Geometrische Formen und klare Linien schaffen klare Strukturen. Wasser ist ein wesentliches Element und befindet sich oft an zentraler Stelle. Manchmal sprudelt ein kleiner Brunnen, manchmal speichert ein Wasserbecken das wertvolle Nass.
Steine sind das bestimmende Element in Form von Mauern, Trittsteinen, Sitzbänken oder Säulen. Hanggrundstücke, wie sie häufig in den Küstenregionen vorkommen, sind mit Steinmauern abgestützt und in Terrassen gegliedert. Die Mauern können aus bearbeiteten Kalkbruchsteinen oder Quadern bestehen. Wenn sie in Trockenbauweise, also ohne Zement, errichtet sind, bieten sie in den Zwischenräumen und auf der Mauerkrone Platz für trockenheitsliebende Kräuter wie Thymian.
Warme Farben in Gelb-, Orange- und Rottönen geben einem solchen Garten seinen Charakter. Helle Trittsteine, Ter-

rakottafliesen oder ein Bodenmosaik aus Pflastersteinen, Klinker, grauen, weißen und schwarzen Flusskieseln sehen zauberhaft aus. Solche Trittflächen erinnern an arabische Ornamentik. Die Wände sind ockerfarben gestrichen oder – wie oft in Portugal oder Griechenland – weiß gekalkt. Perfekte Kontraste dazu sind azurblaue Fensterrahmen oder Wandkacheln.

In südliches Licht getaucht

Die Auswahl an Pflanzen für mediterrane Kräutergärten ist riesig. Silbergraue Eminenzen wie Muskateller-Salbei, Wermut, Currykraut, Heiligenkraut oder Lavendel lassen den Garten heller erscheinen. Besonders reizvoll ist es, wenn ein Windstoß beispielsweise durch einen Olivenbaum oder einen Rosmarinbusch fährt und die weißgrauen Blattunterseiten hervorblitzen lässt. Solche Effekte vermitteln Impressionen einer ins Licht getauchten, südlichen Landschaft.

Wenn Sie die Möglichkeit haben, Kübelpflanzen frostfrei zu überwintern, können Sie immergrüne Gehölze wie Lorbeer und Zitruspflanze in die Bepflanzung Ihres Käutergartens integrieren. Platzieren Sie solche Schmuckstücke mit glänzendem dunklen Laub vor einer ockerfarbenen Wand oder auf hellen Bodenfliesen. Spektakulär wirkt ein ehrwürdiger Olivenbaum mit knorrigem Stamm. Er verleiht dem Garten eine außergewöhnliche Aura. Im Winter muss man ihn allerdings mit einem Vlies vor dem Frost schützen.

Passende Accessoires vollenden Ihren grünen Wohnraum stilvoll. Ein Wandmosaik aus Kacheln oder Porzellanscherben, aus buntem Glas oder Muscheln zaubert südliche Stimmung in Ihren Kräutergarten. Auch Steinfiguren, Mosaiktische, Sitzmöbel aus Metall und orientalisch anmutende Kissen unterstreichen den mediterranen Stil.

Oben: *Wenn genügend Platz vorhanden ist, macht das Gärtnern auf Balkon und Terrasse Spaß. In diesem in Stein gefassten Hochbeet tummeln sich Petersilie, Fenchel, Peperoni, Mangold und Salat.*

Rechts: *Die meisten mediterranen Stauden und Halbsträucher gedeihen auch in Töpfen prächtig und geben sich mit sandiger Erde und wenig Wasser zufrieden.*

Der mediterrane Topfgarten

Auch wer keinen Garten besitzt, muss auf mediterrane Kräuter nicht verzichten. Auf dem Balkon oder auf der Terrasse, ja selbst auf einer Fensterbank findet sich immer ein Plätzchen für Pflanztöpfe. Passionierte Kräuterliebhaber haben die Selbstversorgung auf dem Balkon sogar zur Perfektion gebracht und produzieren die würzigen Zutaten für Pizza und Pasta selbst. Aber auch Gartenbesitzer schätzen die Vorzüge der Pflanzenkultur in Töpfen. Hier sind die aromatischen Blättchen, Halme und Blüten für Salat, Suppe oder Tee stets in greifbarer Nähe.

Ein sonniges Plätzchen

Auch für Balkongärtner gilt es, als Erstes den Standort zu begutachten: Bieten Balkon oder Terrasse wirklich genug Licht und Wärme? Kräuter benötigen nun einmal Sonne, um ausreichend Geschmacksstoffe und Aromen zu bilden. Aus jahrelangen Erfahrungen mit einem Nordost-Balkon weiß ich: Kräuter wachsen zwar auch bei spärlichem Sonnenschein, doch der Geschmack bleibt unbefriedigend. Optimal sind dagegen Balkone und Terrassen, die nach Südosten oder Westen zeigen und pro Tag mindestens fünf Stunden lang Sonne bekommen.

Südterrassen ohne Beschattung können jedoch extrem heiß werden. Die Mittagssonne heizt solche Standorte auf wie einen Backofen, und das macht fast jeder Topfpflanze zu schaffen. Mediterrane Halbsträucher wie Thymian, Rosmarin, Lorbeer, Salbei und Lavendel füllen einen solchen Sonnenplatz dagegen gut aus. Sie gedeihen hier wunderbar und produzieren jede Menge ätherische Öle. In der Mittags- oder Abendsonne setzen sie ihre harzig-balsamischen Aromen frei und erfüllen Balkon und Terrasse mit herrlichen Düften.

Gerade auf einem heißen Südbalkon sollten Sie jedoch darauf achten, die richtigen Gefäße zu wählen, damit die Pflanzenwurzeln im kühlen Schatten stehen (→ Seite 57). Die Töpfe sollten nicht zu klein sein. Kunststoff und Metall heizen sich in der Sonne auf. Optimal sind Steingefäße oder Terrakotta. Kunststofftöpfe stellen Sie am besten in einen Keramikübertopf.

Stilvolle Arrangements

Sicher kennen Sie diese Situation: Sie entdecken in der Gärtnerei ein Pflänzchen, können nicht widerstehen, kaufen es und stellen es auf Ihren Balkon. Beim nächsten Einkauf geschieht dasselbe, und so füllt sich der Balkon nach und nach, es entsteht ein willkürliches Sammelsurium. Damit Balkon und Terrasse ein wohnliches Ambiente ausstrahlen, sollten Sie besser vorher überlegen, welche Kräuter Sie wünschen und welche Gefäße zur Umgebung passen. So können Sie selbst auf kleinem Raum eine stimmungsvolle grüne Oase schaffen.

Ein Hauch von Toskana lässt sich mit attraktiven Kübeln zaubern. Solitäre wie Zitronenbäumchen, Lorbeer oder Rosmarin entfalten ihren südlichen Charme in stilechten Terrakottatöpfen. Schon ein oder zwei Kübel schaffen ein einzigartiges, mediterranes Ambiente.

Planen Sie den Standort von Kästen und Gefäßen so, dass Sie ihre Kräuter möglichst auf Nasenhöhe haben. Mediterrane Balkon- und Terrassengärten sind schließlich Duftgärten. Nirgendwo können Sie diese aromatischen Pflanzen näher haben als auf Balkon und Terrasse. Zitronenverbene und Ananas-Salbei verströmen ihren starken Duft bei Berührung. Platzieren Sie sie an einer Stelle, an der Sie oft vorbeikommen – etwa am Eingang zur Terrasse oder direkt an einem Sitzplatz.

Wenn Sie einen modernen, sachlichen Stil bevorzugen und beispielsweise schon schlichte Metallsessel besitzen, setzen Sie Ihre Kräuter in schlanke Töpfe in Anthrazit, Weiß oder Schwarz.
Für Liebhaber asiatischer Küchenkräuter bietet sich ein fernöstliches Ambiente an. Zitronengras, Vietnamesischer Koriander und asiatische Minzen gedeihen gut in Töpfen auf dem Balkon, sie müssen aber frostfrei überwintern. Setzen Sie sie in tragbare Pflanzkübel, die Sie im Herbst ins Haus räumen können.
Wer eine ländliche Atmosphäre bevorzugt, bepflanzt seine Terrasse im Cottage-Stil. Typisch hierfür ist eine bunte Mischung aus Küchenkräutern und Blumen, beispielsweise Ringelblumen, Kapuzinerkresse, Tagetes, Dill, Borretsch, Petersilie, Minzen und Fenchel. Unterschiedliche Pflanzgefäße unterstreichen den lieblichen, verspielten Eindruck. Von Körben über alte Teekessel und Töpfe bis hin zu Blechkanistern oder Holzkistchen darf hier alles zum Einsatz kommen. Gemütliche Korbsessel oder schmiedeeisernes Mobiliar mit Patina tun ihr Übriges für ein romantisches Flair.

Viele Kräuter auf wenig Platz

Oft bieten Stadtbalkone nur wenig Raum – mit einer Sitzgelegenheit ist der Balkon schon ausgefüllt. Hier sind kreative Ideen gefragt. Eine gute Lösung solcher Platzprobleme ist das Ausweichen in die Vertikale: In Balkonkästen, Ampeln oder Hanging Baskets sind Kräuter bestens untergebracht. Besonders hängende Arten wie Apfelduftgeranie, Kriechender Rosmarin und Kriechendes Bohnenkraut kommen hier gut zur Geltung. Nützlich sind auch Wandhalte-

einfach gärtnern

Frostempfindliche Kräuter wie Lorbeer, Rosmarin, Zitronenblatt, Myrrhe und Aloe Vera, die im Haus überwintern, sollten nach den Wintermonaten langsam wieder an das Licht im Freien gewöhnt werden. Stellen Sie die Pflanzen bei ihrem Umzug nach draußen zunächst einen Tag lang an ein schattiges Plätzchen und rücken Sie sie erst dann in die Sonne. Direkte Frühlingssonne verursacht sonst Blattschäden.

rungen für Töpfe und Körbe oder ein Spalier, an dem Sie Pflanzgefäße aufhängen können. So entsteht eine duftende Kräuterwand, ganz nach Ihrem Geschmack. Auch ein ausrangiertes Bücherregal ist eine prima Möglichkeit, um eine ganze Parade von Küchenkräutern unterzubringen. Basilikum, Petersilie, Majoran, Dill, Schnittlauch, Chili oder Estragon wachsen in den jeweiligen Etagen griffbereit und auf Nasenhöhe. Wichtig ist auch hier, dass jede Etage genug Sonne bekommt.

Grundlagen des Topfgärtnerns: Substrat, Düngen, Gießen

Anders als im Beet verfügen Pflanzen im Topf nur über einen relativ kleinen Wurzelraum. Das macht den grundsätzlichen Unterschied zur Pflanzenkultur im Garten aus. Während Kräuter im Garten mit ihren Wurzeln noch aus tieferen Erdschichten Wasser und Nährstoffe ziehen, sind Kräuter in Töpfen auf eine regelmäßige Wasser- und Düngergabe angewiesen.

Entscheidend für eine erfolgreiche Topfgärtnerei mit Kräutern ist aber vor allem das richtige Substrat. Die meisten Kräuter bevorzugen mineralische und durchlässige Erde. Normale Blumenerde ist für sie ungeeignet. Denn diese besteht aus organischen Bestandteilen, die sich rasch abbauen. Nach einem Sommer sind solche Substrate verbraucht, die Erde backt zusammen und die Wurzeln ersticken.

Besser für Kräuter geeignet ist handelsübliche Kübelpflanzenerde, die mineralische Substanzen wie Blähton und Lavagranulat enthält. Diese Zusätze garantieren, dass Luft im Boden eingeschlossen wird und die Bodenstruktur erhalten bleibt. Für Kräuter, die magere Böden lieben wie Salbei und Co., mischt man zwei Drittel Kübelpflanzenerde mit einem Drittel Sand, feinen Kies oder Splitt. Für nährstoffhungrige Kräuter wie Basilikum und Co. reichert man zwei Drittel Kübelpflanzenerde mit einem Drittel Komposterde an. Empfehlenswert ist auch eine Mischung aus Dachgartensubstrat und Kübelpflanzenerde zu gleichen Teilen.

Als Dünger eignen sich für Kräuter mineralische Langzeitdünger, die die Nährstoffe über einen längeren Zeitraum nach und nach abgeben.

Damit die empfindlichen Kräuterwurzeln nicht im Wasser stehen, brauchen alle Pflanzgefäße Abzugslöcher und eine Dränage. Fehlen die Löcher, bohren Sie, bevor Sie die Gefäße bepflanzen, in den Boden mehrere Öffnungen.

Als Dränage hat sich eine 2–3 cm dicke Schicht aus Tonscherben oder Kieselsteinen bewährt, die man zuunterst in

Unten: *Für passionierte Kräuterfans ist kein Balkon zu klein. Fantasievolle Arrangements mit Hängebord, Tisch, Töpfen und Kisten beherbergen Küchenkräuter für den täglichen Bedarf. Mobiliar aus Metall sorgt für eine mediterrane Atmosphäre.*

Rechts: *Geschützt und sonnig: Auf dem Mauerabsatz entwickeln Thymian, Basilikum, Estragon, Salbei, Schnittlauch und Minze ihre würzigen Aromen.*

Unten: *In den Körben gedeihen Minze, Liebstöckel, Thymian und Lavendel. Wichtig: Ein Wasserabzug sorgt dafür, dass die Wurzeln nicht im Wasser stehen.*

den Topf füllt. Füßchen unter dem Gefäß verhindern zusätzlich, dass das Pflanzgefäß im Übertopf im Wasser steht. Beim Gießen braucht man bei trockenheitsliebenden Kräutern Fingerspitzengefühl: Wässern Sie sparsam und nur dann, wenn seit dem letzten Gießen die Erde abgetrocknet ist, so vermeiden Sie Fäulnis.

Von antik bis modern: der richtige Topf

Pflanzgefäße prägen den Gesamteindruck von Balkon und Terrasse. Bei mediterranen Pflanzungen sind Töpfe aus Ton die erste Wahl.
Achten Sie beim Kauf auf die Qualitätsunterschiede. Einfache Tontöpfe sind oft bruchempfindlich und bekommen bei Frost schnell Risse. Die teuerste Kübelware kommt aus Italien – es ist die Terrakotta aus Impruneta. Diese dickwandigen Töpfe, oft mit wunderschönen Verzierungen versehen, wurden bei hohen Temperaturen zweimal gebrannt. Wichtig: Auch bei hochwertiger Ware sollten Sie sich erkundigen, ob sie wirklich frostbeständig ist.
Wer Steingefäße möchte, muss etwas tiefer in den Geldbeutel greifen – dafür sind sie jedoch stabil und lange haltbar. Weder Feuchtigkeit noch Frost können ihnen etwas anhaben. Ihr Nachteil: Sie sind sehr schwer. Platzieren Sie sie deshalb am besten an einen Ort, an dem sie dauerhaft bleiben können. Eine kostengünstige Alternative sind Nachbildungen aus Zement. Geschickte Heimwerker stellen sie sogar selber aus einer Mischung aus Zement, Sand und organischen Fasern her. Wem die Oberfläche der gegossenen Steinware zu glatt ist, streicht sie mit verdünntem Joghurt ein. Dadurch siedeln sich Algen an, und das Gefäß erhält eine Patina.
Metallbehälter eignen sich für eine schlichte, moderne Balkongestaltung. Allerdings heizen sich solche Kübel in der Sonne stark auf. Um zu verhindern, dass die Wurzeln in der Hitze Schaden nehmen, kleidet man die Gefäße innen mit Noppenfolie aus.
Am preiswertesten sind Töpfe und Kübel aus Kunststoff. Sie punkten ganz eindeutig mit ihrem Fliegengewicht – eine Eigenschaft, die jeder rückengeplagte Hobbygärtner zu schätzen weiß. Leider fehlt ihnen die mediterrane Aura, auch wenn inzwischen sehr gute Imitationen von Gefäßen im Terrakotta-Stil erhältlich sind. Außerdem sind sie bei Wind nicht besonders standfest.

Links: *Ein Kaleidoskop von Blattformen, Blütenfarben und Duftnoten vereinigt sich in diesem Basilikumbeet.*

Unten: *Dieses Entree wirkt hell und freundlich. Die mediterranen Kräuter mit ihren silbergrauen und weiß behaarten Blättern ergeben mit den pastellfarbenen Klinkern und den stilvollen Accessoires ein elegantes, vornehmes Bild.*

Mediterrane Pflanzen in Szene setzen

Ob Treppenaufgang, meditativer Sitzplatz, Beet am Haus oder Mauer: Salbei, Lavendel, Thymian, Oregano und Co. können solche Gartenbereiche in Kleinode mit zauberhaft mediterranem Flair verwandeln. Die Halbsträucher und Kräuterstauden sind so genügsam, dass sie sogar dort wachsen, wo sonst wenig gedeiht – vorausgesetzt, die Lage ist sonnig oder eine schützende Mauer heizt den sonnenverwöhnten Pflanzen ein.

Duftende Wegbegleiter

Ob Sie Ihren ganzen Garten oder nur Teilbereiche mit mediterranen Kräutern gestalten, bleibt Ihnen überlassen. Vielleicht beginnen Sie, wie auf dem Beispiel rechts, mit einem schmalen Beet, das eine kleine Mauer krönt und den Weg mit einem Potpourri aus Lavendel und Salbei begleitet. Das ist nicht nur ein duftender Willkommensgruß auf dem Weg zum Haus, sondern auch praktisch: Sie können quasi im Vorübergehen Lavendelblüten und Salbeiblätter ernten. Die blaugrünen Blätter des

Unten: *Damaszenerrose, Nelken und Lavendel umgeben ein Rondell. Die Sonnenuhr ist der zierende Mittelpunkt dieses Garten-Kleinods.*

Lavendels harmonieren bestens mit dem grünen Salbeilaub, und der Buchs greift die halbkugelige Wuchsform der beiden Halbsträucher auf. Ein hübscher Kontrast sind die schwertförmigen Blätter des Neuseelandhanfs im Hintergrund. Statt wie hier in einem Band können Sie die genügsamen Pflanzen auch einzeln oder in Gruppen als Blickfang auf Steinmauern oder in die gemauerte Befestigung einer Böschung integrieren. Sofern die Stützmauern nicht zementiert wurden und sich zwischen den Steinen Erde befindet, können Sie die Kräuter zwischen die Steine pflanzen. Fehlt Substrat, füllt man die Lücken zwischen den Steinen mit einem Gemisch aus Splitt und Erde auf.

Aromakräuter im Humusbeet

Neben trockenheitsliebenden Hungerkünstlern gibt es jedoch auch anspruchsvollere Südländer. Zitronenverbene und Basilikum etwa bevorzugen tiefgründigen und gut mit Kompost versorgten Boden und brauchen regelmäßig Wasser. Um die Pflege zu erleichtern, ist es sinnvoll, sie zusammen zu pflanzen. Das Beispiel auf Seite 58 links zeigt ein Beet für passionierte Basilikumfreunde. Hier konzentrieren sich Farben und Duft des königlichen Krauts aufs Schönste: Das Hellgrün von Zitronen- und Genoveser Basilikum, das Blauviolett der Sorte 'African Blue', die rötlichen Stängel des Zimtbasilikums und das Tiefrot der Sorte 'Red Rubin'. Das Buschbasilikum 'Piccolino' fällt durch Miniblätter und kugelrunden Wuchs ins Auge. Und dann der Duft: Das ganze Spektrum von Zitrone, Zimt und Nelken über Pfeffer und Kampfer bis hin zu blumig ist in einem Beet vertreten, das dazu einlädt, immer wieder mit den Händen darüberzustreichen und zu schnuppern. Pflanzzeitpunkt ist Mitte Mai. Für 1 m^2 rechnet man mit 15–20 Basilikumpflanzen.

Rosen und Kräuter

Eine reizvolle Idee greift das Beispiel auf Seite 59 auf: In zwei halbrunden Beeten und einem Rondell werden Rosen und mediterrane Kräuter zum Genuss für Augen und Nase. Kiesweg und Bank laden zum Verweilen ein. Die aus Persien stammende Damaszenerrose 'Rose de Resht' hüllt den Garten in zarten Rosenduft. Graugrüne Thymiankissen liegen in der Mitte der königlichen Schönheit zu Füßen. Schnittlauch, duftende Pfingstnelken und Lavendelkissen setzen Farbakzente. Doch beachten Sie: Rosen mögen Lehmböden. Auf Kiesböden sollten Sie besser genügsame Sorten der Kartoffelrose *(Rosa rugosa)* wählen.

einfach gärtnern

Wer nach dem Hausbau einen neuen Garten anlegen will, hat oft ein Problem: Die Erde eignet sich nicht für Blumenrabatten, weil der Rohboden meist Schotter und Sand enthält. Machen Sie aus der Not eine Tugend und nutzen Sie Bauschutt, Steine und Geröll für ein mediterranes Lavendelbeet. Auf den Schutt kommt eine 30 cm dicke Schicht Mutterboden, vermischt mit Sand, Kies oder Kalksplitt. Bald blühen hier duftende Lavendelkissen.

Mediterraner Kräutercharme

Diese Bepflanzung atmet den Charme einer mediterranen Landschaft. Immergrüne Zwergsträucher, Lavendel und ausgesprochene Trockenstauden sind die typischen Bewohner der Felsensteppen des Südens. Die Trockenmauer erinnert an terrassierte Olivenhaine, der Steinturm weckt Assoziationen an die Nuraghen, die urzeitlichen Bauwerke Sardiniens. Die hellen Kalksteine auf dem Beet geben der zauberhaften Pflanzung einen heiteren Charakter.

Heide und Lavendel

Die Nachbarschaft von Lavendel und Heidekrautgewächsen mag ungewöhnlich sein, ist aber eine Entdeckung für den Kräutergarten. Obwohl die einen eher im Norden, die anderen im Süden beheimatet sind, passen sie in Ansprüchen und Aussehen hervorragend zueinander: Beide mögen Sand und felsigen Untergrund, und die Farben der Blüten und Nadeln ergänzen sich wunderbar. Echter Lavendel *(Lavandula angustifolia)* und dunkelvioletter Schopflavendel *(Lavandula stoechas)* in Verbindung mit den gelbgrünen Nadeln der in Skandinavien beheimateten Krähenbeere *(Empetrum nigrum)* sind eine gelungene Kombination. Da die Krähenbeere jedoch leicht saure Böden mag, würde ich an ihrer Stelle der Schneeheide *(Erica carnea)* den Vorzug geben, die sich ebenfalls in diesem Pflanzbeispiel, rechts im Hintergrund, findet. Im Sommer bildet ihr sattgrünes Nadelkleid einen zauberhaften Kontrast zum blauvioletten Lavendel. Hinter den Steinen ragt die Baumheide *(Erica arborea)* hervor, ein Nadelgehölz der Macchia, das bei uns nur in milden Gegenden winterhart ist.
Die Bepflanzung lebt durch das Farbenspiel der verschiedenen Grüntöne. Zum Gelbgrün der Heidekrautpflanzen gesellt sich das Silbergrau des aus Japan stammenden Septembersedums (*Sedum cauticola* 'Lidakense') und der

Pflanzplan

Beetgröße 1,8 x 3 m

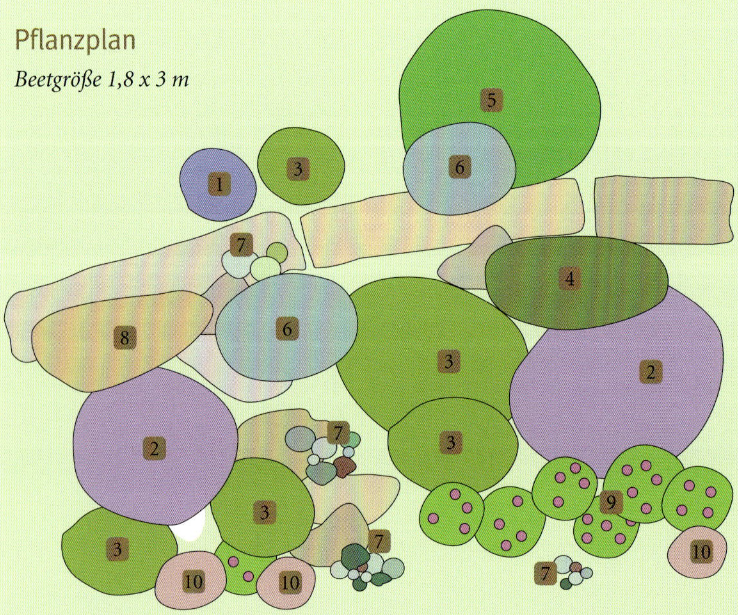

Pflanzliste

1. 1–2 Echter Lavendel *(Lavandula angustifol*
2. 4 Schopflavendel *(Lavandula stoechas)*
3. 5 Krähenbeere *(Empetrum nigrum)*
4. 1 Schneeheide *(Erica carnea)*
5. 1 Baumheide *(Erica arborea)*
6. 2 Septembersedum *(Sedum cauticola* 'Lidakense')
7. 15–20 Dachwurz *(Sempervivum tectorum)*
8. 1 Neuseeland-Segge *(Carex comans)*
9. 7–8 Mittagsblume *(Delosperma cooperi)*
10. 3 Echter Thymian *(Thymus vulgaris)*

Dachwurz *(Sempervivum)*. Die bronzefarbene Neuseeland-Segge *(Carex comans)* verstärkt den sonnigen Eindruck. Tiefe erhält das Beet durch niedrige Pflanzen am vorderen Rand und die Höhenstaffelung zur Mitte hin. Gartenthymian *(Thymus vulgaris)* und andere flache Thymiansorten sowie Dachwurz bilden die Grenze zum Kiesweg. Lorbeer, Buchs und Scheinzypressen ragen hinter der Pflanzung auf und setzen schattige Kontraste.

Pflanzen mit Wasserspeicher

Für diesen eher trockenen Standort eignen sich Dickblattgewächse oder Sukkulenten. Man erkennt sie an ihren fleischigen Blättern, in denen sie Wasser speichern. Sie fühlen sich am Kiesweg, in Ritzen und zwischen Steinen wohl und überdauern selbst trockene, heiße Sommer ohne Gießen. Die Mittagsblume (*Delosperma cooperi*) am vorderen Rand des Beets ist ein Beispiel dafür. Sie öffnet ihre Blüten zur Mittagszeit. Im Winter macht ihr allerdings nicht nur Frost, sondern auch Nässe zu schaffen. Pflanzen Sie sie deshalb am besten in ein Sand-Kies-Gemisch und legen Sie im Winter ein Vlies darüber. Gegen Frost gefeit ist die Dachwurz. Ihre bezaubernden Rosetten sind wahre Schmuckstücke.

Steiniger Untergrund

Drei Voraussetzungen tragen zum Gelingen dieser Pflanzung bei: eine sonnenexponierte Lage, eine Steinmauer als Wärmespeicher und Windschutz sowie durchlässiger, steinig-sandiger Boden. Der Untergrund kann aus Steinbrocken oder Schotter bestehen, der Boden aus mit Sand abgemagertem Lehm. Die Steinmauer wurde in Trockenbauweise ohne Zement aufgesetzt. Wenn Sie eine solche Mauer möchten, sollten Sie einen Fachmann zurate ziehen, denn die Technik ist nicht ganz einfach.

Kräuterbeete von Format

Rechts: *Das Gärtchen wird von einer Buchshecke eingefasst. Das Tüpfelchen auf dem i: gelblaubiger Buchs in der Mitte und vier weitere Buchskugeln, die die Ecken zieren. Die Buchsdiagonalen teilen das Beet in vier Dreiecke.*

Unten: *Barocke Ornamente mit Heiligenkraut, Buchs oder Gamander sind eine Augenweide. Voraussetzung für das Gelingen sind exakte Pflanzung und regelmäßiger Schnitt.*

Wenn ein Garten von geometrischen Formen und Mustern, Symmetrie und klaren Linien geprägt ist, spricht man von einer formalen Gestaltung. Solche Gärten mit ihren geraden Linien, den Buchseinfassungen und Formgehölzen strahlen Ruhe und Beständigkeit aus, und sie haben eine lange Tradition.
In den traditionellen Klostergärten wurde dieses gartenarchitektonische Prinzip konsequent umgesetzt. Umgeben vom Klostermauern liegen diese

stillen Gärten wie versunken in einem Raum ohne Zeit. Sie sind Orte der Kontemplation und Sammlung. Das Konzept der klassischen Klostergärten ist geprägt von der christlichen Symbolik und dem mittelalterlichen Weltbild. Klostergartenanlagen sind meist in eine quadratische Fläche mit vier Beeten eingeteilt, die wieder unterteilt sein können. Die Beete sind um ein Zentrum mit einem Brunnen angeordnet, und ein Wegekreuz teilt den Garten auf. All diese Elemente haben eine symbolische Bedeutung. Die Zahl Vier steht für die vier Elemente, die vier Säfte des Körpers und die vier Himmelsrichtungen. Das Wasser symbolisiert das Leben, und das Wegekreuz entspricht der christlichen Symbolik vom Kreuz. Die strenge Ordnung und Abgeschlossenheit des Klosters finden sich wieder in den Abgrenzungen der Beete und den Einfassungen aus Buchs oder anderen Immergrünen.

Vom Barock- bis zum Bauerngarten

In den Barockgärten erlebte die formale Gartengestaltung ihren Höhepunkt. Mit der Größe und Pracht dieser gebändigten Natur demonstrierten die absolutistischen Herrscher ihre Macht und ihren Wohlstand. Die weitläufigen Gärten in Versailles sind streng symmetrisch durch große Achsen gegliedert. Blumenbeete in allen möglichen Formen wie Raute, Trapez oder Kreis sind meist mit nur einer Pflanzenart besetzt. Hier hat Buchs seinen großen Auftritt – als Beeteinfassung in Form von Ornamenten und Knoten oder freistehend als Form oder Figur zurechtgestutzt.
Bauerngärten sind aus Stilelementen beider Gartenformen zusammengesetzt. Von den Herrschaftgärten hat man die Buchseinfassungen übernommen, von den Klostergärten das Wegekreuz. Auf relativ kleiner Fläche wachsen Blumen, Kräuter und Gemüse bunt gemischt nebeneinander. Ein schönes Beispiel, wie Nutz- und Ziergärten eine Einheit bilden können.
In Gärten unserer Zeit hat die formale Gestaltung nicht nur ihren Platz, sondern ist oft sogar eine ideale Gestaltungsvariante. Gerade für kleine Gärten sind mit niedrigem Buchs eingefasste Beete eine hervorragende Lösung, zum Beispiel in Innenhöfen mit quadratischem oder rechteckigem Grundriss. Auch in Vorgärten von Stadthäusern passen symmetrische Beete gut.

Bleistift, Maßband und Spaten

Am besten wirken formale Beete, wenn sie einen Bezug zu einer Mauer, einem Haus oder einer geschnittenen Hecke haben. Entweder sie befinden sich davor oder sie sind von zwei oder mehr Seiten von Haus oder Mauern umgeben.
Wichtig ist eine exakte Planung. Zeichnen Sie die gewünschte Form und die angrenzenden Mauern oder das Haus maßstabsgetreu auf und legen Sie die Hauptachse fest. Als Beetform eignen sich ein Viereck oder Kreis, die man in vier Teile aufteilt. Reicht der Platz, können Sie den Mittelpunkt mit einer Amphore, einem Wasserbecken, einer Steinfigur oder mit einem Kübel mit einem Zitronen- oder Lorbeerbaum gestalten. Auch andere geometrische Formen sind denkbar, aber schwieriger zu gestalten. Planen Sie die Beete nur so groß, dass man sie vom Rand aus bearbeiten kann. Bei größeren Beeten erleichtern Trittsteine die Pflege. Wenn Sie die Beete festgelegt haben, markieren Sie die Linien mit gespannten Schnüren oder Sand und stechen Sie die Linien mit dem Spaten aus.

Buchs und Kräuter gut in Form

Als Einfassung eignen sich Zwerggehölze, die den Formschnitt gut vertragen. Buchs ist der Klassiker. Mit seinen rundlichen, dunklen Blättern wirkt er sehr ästhetisch. Seit 250 Jahren bekannt und beliebt ist die niedrigwüchsige Form 'Suffruticosa'. Damit das Ganze nicht zu streng wirkt, sollte man zur Auflockerung die Sorte 'Aureovariegata' dazwischen pflanzen. Ihre gelben Blätter mit grüner Zeichnung sind ein leuchtender Kontrast. Doch auch viele Kräuter eignen sich als Einfassung: Eine silberlaubige Variante ist das Heiligenkraut. Es duftet aromatisch, hat eine feine Textur und sieht als geschnittene Kräuterhecke sehr attraktiv aus. Die Wiederentdeckung wert ist der fast vergessene immergrüne Gamander mit rosa Blüten. Sehr gute Erfahrungen habe ich auch mit Bergbohnenkraut, Lavendel und Eberraute gemacht. Ihr gleichmäßiger Wuchs prädestiniert sie für Einfassungen.
Doch die Schönheit formaler Beete hat ihren Preis: Der Pflegeaufwand ist größer als bei naturnahen Pflanzungen. Buchs und Co. müssen regelmäßig geschnitten werden, sonst vergreisen sie. Buchs braucht mehrmals von Juni bis August die Schere. Später schneidet man nicht mehr, damit die Triebe vor dem Winter ausreifen und den Frost vertragen. Kräuterhecken schneidet man vor dem Austrieb und nach der Blüte.

Links: *Mobile Trennelemente aus Weidengeflecht können Beete begrenzen oder unterteilen.*

Unten: *Schlicht und doch ein Hingucker: der Streifen aus Sandthymian in den Betonfugen. Dafür lässt man 5–10 cm »Freiraum« zwischen den Platten.*

Zeitgemäße formale Kräutergärten

Moderne, formale Gärten greifen klassische Stilelemente auf und interpretieren sie neu. Statt barocker Ornamente dominieren klare Linien sowie Schlichtheit und Eleganz von Material und Pflanzen. Die Bepflanzungen bestehen oft aus ungewöhnlichen Arrangements, die zu einem modernen, sachlichen Baustil passen. Seine strengen Formen kontrastieren mit den unregelmäßigen, weichen Formen der Pflanzen. Beide stehen in einem gelungenen Spannungsverhältnis und wecken die Aufmerksamkeit des Betrachters.

Schlicht und funktional

Moderne Beete entsprechen einem städtischen Lebensstil. Sie sollen möglichst funktional und pflegeleicht sein, denn eine stundenlange Beschäftigung im Garten ist nicht jedermanns Sache. Oft ist nur wenig Platz vorhanden, etwa ein kleiner Innenhof oder ein Dachgarten. Die Beetgestaltung passt sich an diese begrenzten Platzverhältnisse an und spiegelt oft die persönliche Handschrift

des Gartenbesitzers wieder: Sie lässt auch ungewöhnliche Formen wie ein spitz zulaufendes Dreieck oder einen schmaler Streifen zwischen Betonplatten zu. Solche »Beete« bieten Platz für vielleicht gerade einmal zwei oder drei Lieblingskräuter. Die Pflanzen sind hier eher Dekoration für das Wohnzimmer im Freien.
Klare Linien und geometrische Formen beherrschen das Bild. Quadrate, Kreise, Rechtecke sind ebenso denkbar wie Dreiecke, Rauten und Linien mit sanftem Schwung. Anders als bei den klassischen formalen Gärten betonen die modernistischen Varianten oft die Asymmetrie. Das bringt Dynamik ins Spiel. Die Beete sind oft mit Steinplatten oder Beton eingefasst. Materialien wie Metall, Beton, Fliesen, Glassteine wirken kühl. Bodenbeläge aus weißem Kies, Granit oder Schiefer vervollständigen den Eindruck von Sachlichkeit und Eleganz.

Große Wirkung mit wenigen Elementen

Weniger ist mehr – das ist das Motto moderner formaler Gärten. Oft ist nur eine Art in Wiederholungen gepflanzt. Das Beetbeispiel auf dieser Seite wirkt vor allem durch die intensive Blütenfärbung des Sandthymians *(Thymus serpyllum)*. Er überdeckt die Fläche mit seinen Ausläufern und bildet ein hübsches Polster. Edle Steinplatten in warmem Ockergelb umrahmen das Beet wie die Fassung eines Schmuckstücks. Das Ensemble ist sehr harmonisch und ein Beispiel dafür, wie man Steinflächen mit einer Bepflanzung unterbrechen kann. Ein Stilelement in modernen Gärten sind starke Farben. In dem Beispiel auf Seite 64 rechts wird eine schlichte Sitzbank aus Beton durch pinkfarbene Sitzkissen aufgewertet. Dazu passt perfekt der Streifen Thymian auf dem Boden zwischen den Betonplatten. Ein schönes Beispiel dafür, wie nur wenige Pflanzen kalt wirkende Materialien wie Beton beleben können. Ein besonderer Hingucker ist das kleine Wasserbecken, das in die Mauer eingearbeitet ist.
Doch auch ohne Steine lassen sich moderne formale Gestaltungen verwirklichen. Durch ihren regelmäßigen Wuchs eignen sich Kräuter gut für eine Pflanzung in Reihen. In dem Beispiel auf Seite 64 links wurden Kräuter mit verschiedenen Blattformen und -farben nebeneinander gepflanzt. Thymian, Bergbohnenkraut, Rosmarin und Wermut stehen ordentlich in Reih und Glied. Der dunkle Bronzefenchel bildet mit dem silbernen Wermut einen starken Kontrast. Weidengeflechte trennen die Reihen und setzen markante Linien.

Oben: *Hier wurden edles Material und Farben stilsicher kombiniert: Die Bodenplatten im warmen Gelbton und der violett blühende Sandthymian leuchten besonders intensiv. Ob hier der Stein den Thymian oder der Thymian den Stein schmückt, ist schwer zu entscheiden.*

Kräuterinsel für Genießer

Wie man mit warmen Farben und aromatischen Kräutern ein mediterranes Ambiente schafft, zeigt dieses Beispiel. Das üppig bepflanzte Beet erinnert an ein Schmuckstück, ein Medaillon. Der helle Kies ringsherum ist die Fassung, die Sitzbank im rötlichen Ockerton der Aufhänger. Was an dieser Gartensituation beeindruckt, ist die perfekte Einbindung des Kräuterbeets in sein Umfeld. Die ovale Form greift die geschwungene Linie der Sitzbank und des Mäuerchens auf. Beet und Bank bilden eine Einheit. Wer hier Platz nimmt, dem liegt das aromatische Kräuterbeet zu Füßen.

In Kies gebettet

Der Charme dieses Gartens beruht nicht zuletzt auf den mediterranen Farben. Der warme Ockerton der Sitzbank korrespondiert mit dem hellen Kalksplitt und den Silber- und Grüntönen der Blätter. Der Kies ist nicht nur dekorativ, sondern hat auch eine Funktion. Er reflektiert Licht, speichert Wärme und lässt das Regenwasser schneller abfließen. Somit wachsen die Kräuter in trockenem Milieu.

Immer der Reihe nach

Das besondere Merkmal dieser Pflanzung sind die geschwungene Form und die aufeinander abgestimmten Reihen. Das Gelände ist leicht modelliert, sodass das Beet zur Mitte hin ansteigt. Es besteht aus Kräutern, die sich für eine strukturgebende Reihenpflanzung eignen wie Oreganoarten und Thymian. Sie bleiben relativ niedrig und kompakt im Wuchs und unterscheiden sich wunderbar durch ihre Blattfarben und Texturen. Den äußeren Ring bildet eine niedere Sorte des Französischen Majorans *(Origanum onites)* mit sattgrünen Blättern. Ein Schnitt nach der Blüte und vor dem Austrieb im Frühjahr hält ihn in Form. Zitronenthymian *(Thy-*

Pflanzplan

Beetgröße 3 x 1,8 m

Pflanzliste

1. 30–35 Französischer Majoran *(Origanum onites)*
2. 25–30 Zitronenthymian *(Thymus × citriodorus)*
3. 10–15 Sandthymian *(Thymus serpyllum)*
4. 4–5 Apfelduftgeranie *(Pelargonium odoratissimum)*
5. 2–3 Minzenpelargonie *(Pelargonium graveolens variegata)*
6. 3–4 Lavendel *(Lavandula angustifolia)*
7. 2 Currykraut *(Helichrysum italicum)*
8. 10–15 Oregano *(Origanum vulgare* 'Variegata')
9. 3 Rosmarin *(Rosmarinus officinalis)*

mus × citriodorus) wirkt doppelt schön durch seine Blattfarbe und den Zitrusduft. Sandthymian *(Thymus serpyllum)* sieht dank seiner purpurnen Blüten bezaubernd aus. Die Apfelduftgeranie *(Pelargonium odoratissimum)* und die Minzenpelargonie *(Pelargonium graveolens variegata)* mit rosa Blüten fügen sich locker in die Reihen ein. Pelargonien stammen aus Südafrika und sind nicht winterhart, daher brauchen sie einen frostfreien Stellplatz im Winter. Um den Umzug vom Haus in das Beet möglichst schonend zu gestalten, ziehen Sie die Pelargonien am besten im Tontopf. Sie können sie im Sommer einfach samt Topf in die Erde eingraben und vor dem Frost wieder herausnehmen.

Bei Inselbeeten setzt man außen niedrige und innen höhere Pflanzen. In diesem Beispiel thronen in der Mitte Lavendel *(Lavandula angustifolia)* und Currykraut *(Helichrysum italicum)*, umgeben von einem Ring aus weißgrün panaschiertem Oregano (*Origanum vulgare* 'Variegata'). Die dunkelgrünen Nadeln des Rosmarins *(Rosmarinus officinalis)* im Hintergrund kontrastieren mit den Gelb- und Silbertönen von Oregano und Currykraut. Damit dieses Beet seinen Liebreiz behält, sollte man die Reihen erhalten und die Pflanzen in Form schneiden. Entfernen Sie bei der Ernte die Seitentriebe. Das schafft Luft und Zwischenräume und hilft, die Pflanzung in Form zu halten. Ein stärkerer Rückschnitt erfolgt nach der Blüte und vor dem Austrieb im Frühjahr. Nicht alle Pflanzen auf dem Beet sind winterhart. Rosmarin, Zitronenthymian und Französischer Majoran brauchen einen Winterschutz. Doch da das Beet nicht allzu groß ist, kann man einfach ein großes Vlies darüberbreiten. Noch ein Tipp: Der Abstand zwischen den Reihen sollte mindestens 25 cm betragen. Auch wenn sich die Pflanzung dann erst nach ein bis zwei Jahren schließt – je mehr Platz die Kräuter haben, umso besser entwickeln sie sich.

Kräuter im Hochformat

Rechts: *Ein Weidengeflecht dient als Einfassung für dieses leicht erhöhte Kräuterbeet. Auf einen durchlässigen Untergrund kommt eine Schicht Dachgartensubstrat und etwas Kompost.*

Unten: *Ein Kastenbeet oder Hochbeet bietet auf relativ kleiner Fläche Platz für die wichtigsten Küchenkräuter.*

Selbst wenn es regnet, kurz nach draußen zu gehen und Basilikum oder Thymian zu ernten, ohne nasse Füße zu bekommen – ein Hochbeet machts möglich! Diese Variante des Kräuteranbaus ist sehr praktisch. Eingerahmt durch Holz oder Steine sind die Kräuter für den täglichen Bedarf auf bequemer Höhe untergebracht. So ein Beet sieht gut aus und ist eine prima Lösung für einen Hinterhof oder eine Terrasse, wo nur wenig Platz ist. Die Kräuterkultur im Hochformat schont außerdem den Rücken, allerdings erst dann, wenn das Beet einmal gebaut ist. Graben, Pflanzen und Jäten gehen dann im Handumdrehen und sind bei Weitem nicht so mühsam wie auf Bodenniveau.

Biowärme aus dem Kasten

Der zweite große Vorteil eines Hochbeets liegt in seinem besonderen Innenleben. Denn hier haben Sie die Möglichkeit, genau die Erde einzufüllen, die Ihre Kräuter mögen: locker, humos und sandig für Kräuter mit höherem Nährstoffbedarf oder eher kiesig-steinig für die Hungerkünstler. Besonders für nährstoffliebende Kräuter sind Hochbeete eine gute Lösung. Gartenabfälle wie Gehölzschnitt, Reisig, Gras, welke Pflanzen und jede Menge Laub wandern in den Zauberkasten und verwandeln sich in hochwertigen Humus.

Die Gartenabfälle produzieren beim Verrotten Wärme. Vielleicht haben Sie schon einmal die Hand in einen frisch aufgesetzten Komposthaufen gesteckt: Bis zu 50 °C heiß kann die Masse mit den Grünabfällen werden, wenn der biologische Abbauprozess in Gang kommt. Ähnliches geschieht im Hochbeet. Mikroorganismen bauen die organischen Substanzen ab und heizen das Beet auf. In einem Hochbeet können Sie deshalb schon im zeitigen Frühjahr mit der Kräutergärtnerei beginnen. Vor allem für Basilikumpflänzchen ist diese Fußbodenheizung ideal: Sie kommen ordentlich in Schwung und liefern vielleicht schon im Mai die ersten Blättchen. Kündigen sich noch einmal frostige Nächte an, decken Sie das Hochbeet einfach mit einer transparenten Folie ab. Mit Rundbögen aus Metall oder Weidentrieben haben Sie schnell einen Folientunnel gebaut.

Hochbeete bauen

Hochbeete können ganz unterschiedlich aussehen. Viele sind nur 30–40 cm hoch. Andere haben eine Arbeitshöhe von 90–100 cm. Wichtig: Sie sollten nicht breiter als 100–120 cm sein, damit man sie bequem von allen Seiten bearbeiten kann. Wenn Sie ein Hochbeet aus Holz bauen, sollten Sie Holz verwenden, das nicht so schnell verrottet, zum Beispiel Lärche, Douglasie, Robinie oder Eiche. Auch ist es sinnvoll, die Kiste innen mit einer Folie auszukleiden, um sie vor dem Verrotten zu schützen. Denk-

bar sind als Rahmen auch Korbgeflechte oder ein Lattengeflecht, wie es in Baumärkten erhältlich ist. Sie können auch Bauabfälle wie Betonplatten, Dachziegel oder Ziegelsteine verwerten. Und wer weniger Erfahrung als Heimwerker hat, besorgt sich im Fachhandel einen Bausatz für das Hochbeet. Sie bestehen meist aus Kunststoffelementen, die innen hohl sind und dadurch sehr gut isolieren. Wenn Sie ein Hochbeet auf dem Rasen errichten, tragen Sie zunächst die Grasnarbe ab und legen Sie sie zur Seite. Sie können sie später zum Auffüllen des Hochbeets gut gebrauchen. Da sich auch Mäuse in dem kuscheligen Gehäuse wohlfühlen, sollten Sie den Hochbeetkasten zum Schutz unbedingt unten mit einem Hasengitter auskleiden. Füllen Sie anschließend das Hochbeet mit organischen Materialien und Kompost auf.

Platz für anspruchsvolle Kräuter

Eine ganze Reihe Küchenkräuter mögen feuchten, nährstoffreichen Humus. Sie alle sind gute Kandidaten für einen Platz im Hochbeet: Basilikum, Estragon, Petersilie, Dill, Koriander, Rucola, Schnittlauch, Kerbel und Liebstöckel gehören dazu. Auch für Tees geeignete Kräuter wie Zitronenverbene, Minze, Weiße Melisse und Monarde sind in einem Hochbeet prima aufgehoben. Und auch anspruchsvolle exotische Kräuter aus tropischen Gegenden wie Ananas-Salbei, Wasabi, Zitronengras und der Vietnamesische Koriander finden in einem Hochbeet ein Zuhause, das ihren Bedürfnissen entspricht. Da die Erde im Hochbeet genügend Nährstoffe vorrätig hält, können Sie die Kräuter hier ruhig etwas enger pflanzen als in einem normalen Beet.

einfach gärtnern

Ein Hochbeet legt man im Herbst an, wenn Laub und Pflanzenabfälle anfallen. Zuunterst kommt eine Schicht aus klein geschnittenen Ästen und Laub. Darüber schichten Sie Erde oder Grassoden, dann kleinere Gartenabfälle und zum Schluss ein Gemisch aus Erde und Sand. Lassen Sie alles bis zum Frühjahr ruhen. Die Masse wird sich um 10–20 Prozent setzen. Im März füllen Sie das Beet vor dem Pflanzen noch einmal mit Kompost auf und geben Sie etwas Algenkalk dazu.

Kräuter in Hülle und Fülle

Wie aus Fortunas Füllhorn quellen die Duft- und Küchenkräuter aus diesem Kastenbeet. Sogar aus den seitlichen Öffnungen ergießen sich verschiedene Thymiane und nutzen jeden Kubikzentimeter Erde. Dieser Kräuterkasten zieht die Aufmerksamkeit jeden Betrachters an wie ein Magnet. Die Fülle lässt den Eindruck barocker Üppigkeit entstehen. Auffällig ist das blaue Holz, das farblich auf das Haus abgestimmt ist. Alles in allem ist dieses Hochbeet ein originelles Gärtchen für Kräuterliebhaber und eine Visitenkarte für den Hausbesitzer.

Alles im Kasten

Die Holzkonstruktion mit den seitlichen Öffnungen gibt es so wahrscheinlich nicht zu kaufen, aber eine Schreinerei kann die passenden Teile zusägen. Das Hochbeet ist natürlich auch in kleinerem Ausmaß denkbar, etwa für einen Balkon. Die Holzbohlen sollten etwa 5 cm dick sein, damit sie sich der Verrottung eine Zeitlang widersetzen. Bauen Sie die Holzkonstruktion stabil an der gewünschten Stelle auf und füllen Sie sie auf (→ Seite 69). Die obersten 30 cm sollten aus einem Mix aus Mutterboden, viel Sand und Kalksplitt bestehen, damit sich die Thymiansorten wohlfühlen.

Pflanzen nach Lust und Laune

Die Thymianpolster geben in dieser Bepflanzung den Ton an. Die anderen Kräuter setzen mit ihren unterschiedlichen Texturen und Farben kunterbunte Akzente. Silberne, graue, gelbgrüne und moosgrüne Blättchen und Nadeln bieten dem Auge ständig neue Reize. Nur der Teppich bildende purpurrosa blühende Sandthymian *(Thymus serpyllum)* bringt etwas Ruhe ins Bild. Pflanzen Sie ihn schon beim Befüllen in die seitlichen Öffnungen. Auch der Gold-Zitronenthymian (*Thymus × citriodorus* 'Aureus') füllt

Pflanzplan

Beetgröße 0,8 x 2,5 m

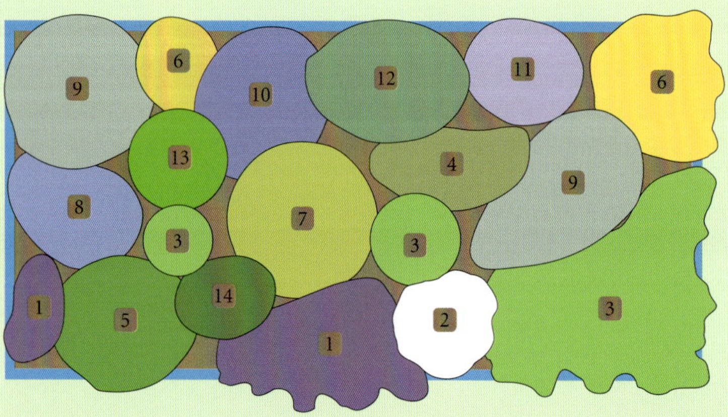

Pflanzliste

1. 10–15 Sandthymian *(Thymus serpyllum)*
2. 1 Weißer Sandthymian *(T. serpyllum* 'Albu
3. 10–15 Gold-Zitronenthymian (*T. × citriodorus* 'Aureus')
4. 1 Weißbunter Zitronenthymian (*T. × c.* 'Silver Queen')
5. 1 Kriechender Rosmarin (*Rosmarinus officinalis* 'Prostratus')
6. 2 Kapuzinerkresse *(Tropaeolum majus)*
7. 1 Gelbbunter Salbei (*Salvia officinalis* 'Aureovariegata')
8. 1 Purpursalbei (*S. officinalis* 'Purpurascens
9. 2 Currykraut *(Helichrysum italicum)*
10. 1 Lavendel (*Lavandula angustifolia* 'Hidcote Blue')
11. 1 Lavendel (*L. angustifolia* 'Hidcote Pink'
12. 1 Oregano (*Origanum vulgare* 'Aureum')
13. 1 Schnittlauch *(Allium schoenoprasum)*
14. 1 Petersilie *(Petroselinum crispum)*

den Raum mit seinem schönen Polster. Er blüht etwas später hellrosa. Weitere Thymiansorten sind der weiße Sandthymian (*Thymus serpyllum* 'Albus') sowie der weißbunte Zitronenthymian (*Thymus × citriodorus* 'Silver Queen'), eine Sorte mit weiß umrandeten Blättern und wunderbarem Zitrusduft. Der mediterrane Eindruck wird verstärkt durch Oreganopolster mit gelb angehauchten Blättern (*Origanum vulgare* 'Aureum'). Als klassische Küchenkräuter geben sich Petersilie *(Petroselinum crispum)* und Schnittlauch *(Allium schoenoprasum)* mit ihren mediterranen Kollegen ein munteres Stelldichein. Rankende, Polster bildende und kriechende Arten verstärken den Eindruck von Üppigkeit. Der Kriechende Rosmarin (*Rosmarinus officinalis* 'Prostratus') bildet Ausläufer, die über den Rand klettern. Und die rankende Kapuzinerkresse *(Tropaeolum majus)* mit ihren gelben, orangenfarbenen und roten Blüten und den panaschierten Blättern scheint aus Monets Farbpalette zu stammen. Drei Leitpflanzen werden in den Folgejahren dominieren: Purpursalbei (*Salvia officinalis* 'Purpurascens'), Gelbbunter Salbei (*Salvia officinalis* 'Aureovariegata') und Currykraut *(Helichrysum italicum)*. Sie werden an Größe mächtig zulegen und nach und nach die kleineren Nachbarpflanzen überdecken. Die Lavendelsorten 'Hidcote Pink' und 'Hidcote Blue' ergänzen das Ensemble zur Blütezeit mit reizvollen Kontrasten.

Schneiden und Platz schaffen

Dieses Beet wird sich im Lauf der Zeit verändern, denn die einzelnen Kräuter brauchen mehr Platz. Sicher wird es nötig sein, zu dicht stehende Nachbarpflanzen zu entfernen. Ein- und zweijährige Arten wie Petersilie, Dill und Kapuzinerkresse müssen Sie in den Folgejahren immer wieder nachpflanzen, weil sie sonst von selbst verschwinden.

Genuss für Auge und Nase

Blumen und aromatische Kräuter auf einem Beet ist die Verbindung von Schönheit und Nutzen. Viele Kräuter sind attraktive Blumen, denken Sie nur an Lavendel im Frühsommer. Auch Muskateller-Salbei, Ringelblumen, Agastachen, Katzenminze und Monarden schmücken den Garten zur Zeit der Blüte. Manche Kräuter und Blumen wechseln sich in ihrem Blütezeitpunkt ab. Das eröffnet die Möglichkeit, die Pflanzen geschickt miteinander zu kombinieren. Iris, Pfingstrosen, Zierlauch, Akelei, Rosen und Orientalischer Mohn geben im Mai und Juni den Ton an. Dann folgen Kräuter wie Lavendel, Salbei und Thymian. Erst im Juli öffnen Steinquendel, Bergbohnenkraut, Perovskia, Ysop, Oregano und Schnittknoblauch ihre Blüten – wenn andere Blumen längst verblüht sind.
Kräuter und Blumen nebeneinander zu pflanzen, bringt noch einen anderen Vorteil. Manche Kräuter wirken sich positiv auf die Gartengesundheit aus. Ihre starken Aromen vertreiben so manchen Schädling. Tagetes und Ringelblumen zum Beispiel schützen Rosen vor den schädlichen Bodennematoden.

Wie ein kunterbunter Blumenstrauß

Ein gemischtes Kräuter- und Blumenbeet zusammenzustellen, ist ähnlich, wie einen Blumenstrauß zu binden. Blütenstars allein machen einen Strauß noch nicht komplett. Erst wenn sie mit

Links: *Schöne Bilder entstehen, wenn man niedrige Kräuter mit hohen Blütenstauden, duftenden Rosen und bogig überhängenden Gräsern kombiniert.*

Rechts: *Komposition mit zarten Farben: Rosa und purpur blühender Mauerpfeffer setzt sanfte Farbakzente in die weißgrauen und silbernen Kräuterkissen aus Currykraut, Heiligenkraut und Thymian.*

nachhaltig Gärtnern

Die verschiedenen Insektenarten sind auf bestimmte Blüten angewiesen. Sie finden diese Pflanzen mit sicherem Instinkt, und sei der Kräutergarten noch so klein. Die seltene Wollbiene fliegt auf Gartensalbei, Wollziest und Gamander. Die Blaue Holzbiene wird vom Muskateller-Salbei angelockt. Die Maskenbiene liebt die Blüten von Fenchel und Schnittknoblauch, und der Schwalbenschwanz labt sich an der Fetthenne.

interessanten Blattstrukturen und kräftigem Grün oder Silbergrau kombiniert werden, wirken sie vollkommen. Viele Kräuter sind Blattschmuckpflanzen. Sie spielen in einer Rabatte eine ebenso wichtige Rolle wie Blütenstauden. In dem Ensemble auf Seite 72 links sind silbergraue, gelbgrüne und rotblättrige Pflanzen mit blau blühender Katzenminze, Lavendel, weißer Kamille und Margerite kombiniert. Die pinkfarbene Rose leuchtet inmitten der zarten Farbtöne besonders schön. Helle Gräser bringen Bewegung in die Bepflanzung. In dem Beispiel auf Seite 73 links sorgen unterschiedliche Blüten, Blattfarben und -formen für ein aufregendes Bild. Im Mittelpunkt stehen die kugelrunden Blüten des Zierlauchs, die zu den Kerzen des Steppensalbeis einen spannenden Kontrapunkt setzen.

Natürlich sollte man auch bei Kombinationen aus Kräutern und Blumen nur Arten mit gleichen Standortansprüchen zusammenpflanzen. Wenn Sie blühende Partner für mediterrane Halbsträucher suchen, wählen Sie trockenresistente Stauden wie Prachtkerze oder Präriekerze, Johanniskraut, Wolfsmilch, Steppensalbei oder Ehrenpreis. In einem Steingarten können Kräuter und Zierpflanzen eine sehr natürlich wirkende Pflanzengesellschaft bilden. Thymian, Currykraut, Federnelke, Blaukissen und Steinkraut kommen hier bestens zur Geltung. In dem Beispiel auf Seite 72 rechts ergänzen sich die silbergrauen Polster von Currykraut, Heiligenkraut, Thymian und Federnelke mit den purpurnen Blüten der Purpur-Fetthenne *(Sedum telephium)*. Ihre roten Blüten leuchten im Herbst und locken Schmetterlinge an.

Links: *Eine gelungene Mixed Border sieht zu jeder Jahreszeit gut aus. Im Mai leuchten die Blüten von Steppensalbei, Zierlauch und anderen Blumen, im Hochsommer folgen Oregano, Minzen, Blauraute, Bergbohnenkraut und Co.*

Rechts: *Ein Admiral zu Gast im Kräutergarten. Salbei und viele andere mediterrane Lippenblütler ziehen Schmetterlinge magisch an.*

Duftig und natürlich

In diesem Beet mit Kräutern und Blumen leuchten das goldgelbe Kissen des Oregano und die violetten Blütenkerzen des Steppensalbeis um die Wette. Vor dem dunklen Hintergrund von Buchs und Hainbuche kommen die gelbgrünen Blätter besonders schön zur Wirkung. Seinen Liebreiz gewinnt das Beet durch die Einfassung mit einer niedrigen Buchshecke. Die Pflanzenkombination im Stil der Bauerngärten wirkt harmonisch. Die Pflanzen haben genügend Platz und zeigen sich in ihrer natürlichen Wuchsform.

Da blüht Ihnen was

Ein Beet mit Kräutern und Zierpflanzen ist dann gelungen, wenn die Blütenzeiten und Farben der Pflanzen aufeinander abgestimmt sind. Jeder Gärtner weiß: Von Mai bis Juni gibt es eine Blütenexplosion in den Gärten, danach herrscht oft Flaute. Kräuter sind hier ideale Partner. Zur Hauptblütezeit der Zierpflanzen zeigen sich viele in sattem Grün, im Juli öffnen sie dann ihre Blüten. Einige Partner, bei denen diese Staffelübergabe gut funktioniert, sind in diesem Beet vereint. Der Steppensalbei *(Salvia nemorosa)* wird als Begleitpflanze im Kräutergarten noch viel zu wenig beachtet. Dabei liebt er dieselben Bedingungen wie viele mediterrane Kräuter. Im Frühsommer bezaubert er mit seinen dunkelvioletten Kerzen, noch bevor der Lavendel *(Lavandula angustifolia)* seine Blüten öffnet. Wenn er verblüht, rückt der Lavendel ins Rampenlicht. Schneidet man Steppensalbei rechtzeitig zurück, blüht er im September ein zweites Mal.
Ein schöner Kontrast zu den blauen Salbeiblüten ist das Gelb von Weinraute *(Ruta graveolens)* und Gelbbuntem Oregano (*Origanum vulgare* 'Aureum'). Die Weinraute, eine attraktive Klostergartenpflanze mit ornamentalen Blättern und gelben Blüten, passt stilecht in das Buchsbeet. Allerdings sollte man zu ihr Abstand halten: Besonders in Verbindung mit

Pflanzplan

Beetgröße 1,5 x 1,5 m

Pflanzliste

1. 3 Steppensalbei *(Salvia nemorosa)*
2. 1 Lavendel *(Lavandula angustifolia)*
3. 1 Weinraute *(Ruta graveolens)*
4. 1 Gelbbunter Oregano *(Origanum vulgare 'Aureum')*
5. 2 Bergbohnenkraut *(Satureja hortensis)*
6. 1 Bronzefenchel *(Foeniculum vulgare 'Rubrum')*
7. 1 Estragon *(Artemisia dracunculus)*
8. 1 Beetrose (*Rosa*-Hybride)
9. 30–35 Buchs (*Buxus sempervirens* 'Suffruticosa')

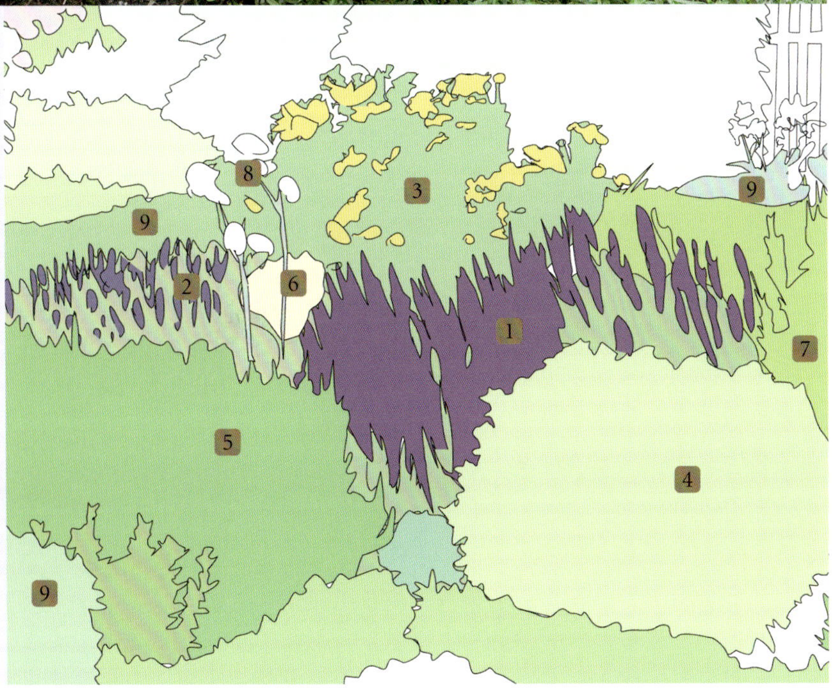

Sonne können die Blätter bei Berührung Hautreaktionen hervorrufen. Einen ungewöhnlichen Farbakzent setzt der Bronzefenchel. Estragon und eine Beetrose ergänzen die Bepflanzung. Das Foto zeigt das Beet im Frühsommer, wenn Oregano und Bergbohnenkraut *(Satureja hortensis)* mit ihrem unterschiedlichen Blattgrün die Bepflanzung »unterfüttern«. Charakteristisch für den Oregano sind der kuppelförmige Wuchs und die gleichmäßigen, runden, goldgelben Blätter. Selbst im Halbschatten gedeiht die attraktive Pflanze gut. Nach der Blüte und im Frühjahr vor dem Austrieb schneidet man ihn etwas zurück. Auch das Bergbohnenkraut kann ich als Pflanze für den Kräutergarten nur empfehlen. Der robuste Halbstrauch aus dem Mittelmeergebiet treibt jedes Frühjahr zuverlässig aus. Er hat seinen Auftritt, wenn der Lavendel verblüht ist. Dann umschwärmen Hummeln seine unzähligen kleinen, weißen Lippenblüten.

Gut in Form

Eine in Form geschnittene Buchshecke rahmt das Beet von drei Seiten ein. Mit Buchs wirkt eine Bepflanzung, mag sie noch so durcheinander sein, geordnet. Für die niedrige Einfassung verwendet man die Sorten 'Suffruticosa' und 'Blauer Heinz'. Man benötigt sieben bis acht Pflanzen pro Meter. Außer dem regelmäßigen Schnitt der Buchshecke von Mai bis Anfang September ist der Pflegeaufwand für dieses Beet gering. Nur die Triebe von Steppensalbei, Oregano und Weinraute schneidet man nach der Blüte um etwa zwei Drittel zurück. Der Zauber des Ensembles liegt in der Spannung zwischen dem natürlichen Wuchs der Pflanzen auf dem Beet und der formalen Einfassung. Lassen Sie Kräuter und Blumen natürlich wachsen und halten Sie sie nur dort im Zaum, wo sie sich bedrängen.

Oben: *Auf Tuchfühlung mit Purpursalbei, Rosmarin und Zitronenthymian sitzt man auf dieser Bank. Berühren ist erlaubt: Dann werden aromatische Düfte freigesetzt und steigen in die Nase.*

Rechts: *Kräutergärten tun der Seele gut. Das beruhigende Blau der Katzenminze, die dicken Teppiche aus Thymian und eine alte Bank mit leicht morbidem Charme versprechen Ruhe und meditative Gelassenheit.*

Ein Sitzplatz mitten in Kräutern

Wie angenehm ist es, den Alltag hinter sich zu lassen, bequem in einem Liegestuhl im Garten zu ruhen und die Seele aufzutanken. Stille Rückzugsorte sind das Herzstück in romantischen Gärten, besonders dann, wenn sie auch noch herrlich duften.

Entspannend und belebend

Gehen Sie Ihrem Gespür nach, wenn Sie einen Lieblingsplatz zum Entspannen im Garten einrichten wollen. Nehmen Sie einen Hocker und lassen Sie sich probehalber an verschiedenen Stellen im Garten nieder. Spüren Sie nach, wo Sie sich am wohlsten fühlen. Fast bei allen Menschen liegt die Präferenz bei Orten, die abgeschirmt sind vor Wind, direkter Sonne oder den Blicken der Nachbarn. Vielleicht favorisieren Sie einen Platz hinterm Haus, an einem Mäuerchen, unter einem Baum oder bei einer Hecke. Erspüren Sie die Atmosphäre, die hier herrscht. Der Platz kann befestigt sein oder mitten im Rasen liegen. Ein Rankgerüst oder eine Pergola, mit Geißblatt, Rosen und Clematis berankt, kann als Sichtschutz dienen. So wird die Sitzgelegenheit zum persönlichen Refugium.

Angenehme Düfte und Aromen sind das i-Tüpfelchen an einem Wohlfühlplatz. Inmitten von Rosen- und Lavendelduft lässt es sich gut entspannen und die kostbaren Mußestunden werden zum sinnlichen Erlebnis. Nutzen Sie das Spektrum aromatischer Kräuter, um der Nase vielfältige Reize zu bieten. Lavendel wirkt beruhigend und ausgleichend. Rosmarin macht wach und fördert die Konzentration, Zitrusdüfte wie die von Zitronenverbene, Zitronenpelargonie oder Zitronenthymian wirken erfrischend. Currykraut duftet warm und würzig, Salbei und Eberraute verbreiten harzige, mediterrane Aromen. Viele Kräuter sind Kontaktdufter, das heißt, sie duften erst, wenn man sie berührt oder wenn die ätherischen Öle verdunsten. An einem geschützten Platz vor einer Südmauer entfalten sich ihre Aromen besonders gut.

Die Farbe Blau

Farben und Flächen im Garten können unser Wohlbefinden beeinflussen. Die Farbe Blau zum Beispiel gehört zum kalten Farbenspektrum und verbreitet Ruhe und Gelassenheit. Farbtherapeuten versichern, dass eine blaue Umgebung hilft, Stress abzubauen. Das ist eine gute Nachricht, denn im Kräuterrepertoire gibt es viele blau blühende Arten: Steppensalbei, Rosmarin, Perovskia, Borretsch und Ysop gehören dazu. Bei manchen Arten changiert das Blau oft zu Violett und Purpur. Intensiv violett blühen Schopflavendel, Agastachen und Salbei, eher purpurfarbene Blüten zeigen Thymian und Dost. In dem Beispiel auf Seite 77 umrahmt üppig blühende Katzenminze *(Nepeta × faassenii)* die Sitzbank. Die blauen Blüten sind in einer solchen Fülle vorhanden, dass man ins Schwärmen geraten kann. Die blaue Phase wird durch die Lavendelblüte im Garten verlängert. Echter Lavendel *(Lavandula angustifolia)* blüht im Juni, etwas später folgt der Provencelavendel (*Lavandula × intermedia*). Pflanzen Sie beide, dann können Sie den Lavendelduft viele Wochen genießen.

Polster und Flächen

Flächen mit einheitlicher Bepflanzung wirken beruhigend auf das Auge, denken Sie nur an eine sattgrüne Rasenfläche. In dem Beispiel auf dieser Seite breitet sich ein Beet aus Thymianpolstern zu Füßen einer Sitzbank aus. Dadurch entsteht ein ruhiges Gesamtbild. Die purpurfarbenen, rosa und weißen Blüten des Thymians öffnen sich zu verschiedenen Zeiten. Ein solches Beet lebt auch von den unterschiedlichen Höhen: Quendel (*Thymus pulegioides*) oder Sandthymian *(Thymus serpyllum)* wachsen 10–15 cm hoch. Polsterthymian *(Thymus praecox)* und Kümmelthymian *(Thymus herba-barona)* werden gerade mal 5 cm hoch und sind besonders trittfest. Unter den kriechenden Thymianarten gibt es auch Sorten mit intensivem Zitrusduft wie Zitronensandthymian (*Thymus serpyllum* 'Lemon curd') oder Zitronigen Kümmelthymian *(Thymus herba-barona citriodorus)*. Einen betörenden Duftteppich webt auch die Römische Kamille *(Chamaemelum nobilis)*. Bevorzugen Sie nicht blühende Sorten, ihr grünes Laub duftet herrlich nach Kamille. Begrünen Sie mit ihnen ganze Flächen oder Wege, dann steigt mit jedem Schritt ihr Duft auf.

Sinne schulen

Mit einem einfachen Trick können Sie die Wirkung blauer Farbflächen noch intensivieren. Setzen Sie in eine Pflanzung mit Steppensalbei oder Katzenminze einfach zwei bis drei Ringelblumen oder Tagetes. Die orangefarbenen Blüten haben als Komplementärfarbe der Farbe Blau eine großartige Wirkung. Als Tupfer inmitten der blauen Fläche verstärken sie deren Farbwirkung um ein Vielfaches.

Ein möbliertes Gartenzimmer

Kräutergärtnern ist kreativ und lustvoll. Dabei können grüne Kunstwerke entstehen wie dieser pfiffige Sitzplatz hinterm Haus. Hier wurde ein Gartenzimmer regelrecht ausgekleidet und möbliert. Ein Duftteppich, eine Sitzbank, gepolstert mit Kräutern, und ein Gobelin aus Rosen bilden ein blühendes Ensemble, das mit seinem Duft nicht geizt. Nur wenige Pflanzenarten tauchen in der Bepflanzung auf, aber diese sind so raffiniert angeordnet, dass sie eine großartige Wirkung erzielen.

Lavendelinseln im Thymianmeer

Die tragende Fläche, die alles miteinander verbindet, ist ein blühender Teppich aus Sandthymian (*Thymus serpyllum* 'Coccineus'). Wie ein Meer wirkt die purpurne Fläche, aus dem blau blühende Lavendelsträucher *(Lavandula angustifolia)* wie Inseln herausragen.

Diese Pflanzengemeinschaft ist genial gewählt, denn der Thymian wächst flach und überdeckt mit seinen Ausläufern weitläufige Flächen. Lavendel hingegen wächst aufrecht und kommt mit dem Thymian zu Füßen gut zurecht. Beide Arten mögen einen sonnigen Standort und einen sandig-kiesigen Untergrund, in dem sie sich auf Dauer fest verwurzeln. Der rote Teppichthymian ist als duftender Bodendecker zu empfehlen: Er wird nur 5 cm hoch und ist ziemlich trittfest. Auch die lange Blütezeit von Juni bis August, seine Winterhärte und Robustheit sprechen für ihn.

Für einen Thymianrasen rechnet man mit 15–20 Pflanzen pro Quadratmeter. Beachten Sie, dass Thymian nicht zu dicht stehen will. Am Anfang sollte man die Bepflanzung von Unkraut freihalten, bis der Thymianteppich in zwei bis drei Jahren fertig »gewebt« ist. Dann benötigt er so gut wie keine Pflege mehr. Nach der Blüte können Sie den Thymian mit einem hoch gestellten, gut geschärften Sichel-

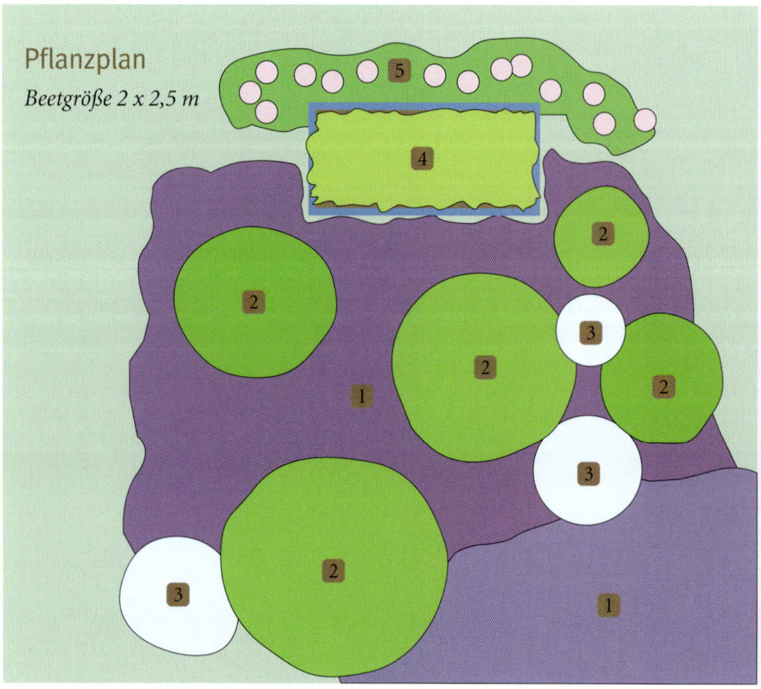

Pflanzliste

1. 40–50 Sandthymian (*Thymus serpyllum* 'Coccineus')
2. 5 Lavendel *(Lavandula angustifolia)*
3. 3 Pfingstnelke *(Dianthus gratianopolitanus)*
4. 8–10 Rasenkamille (*Anthemis nobilis* 'Treneague')
5. 1 Kletterrose (*Rosa* 'Phyllis Bide')

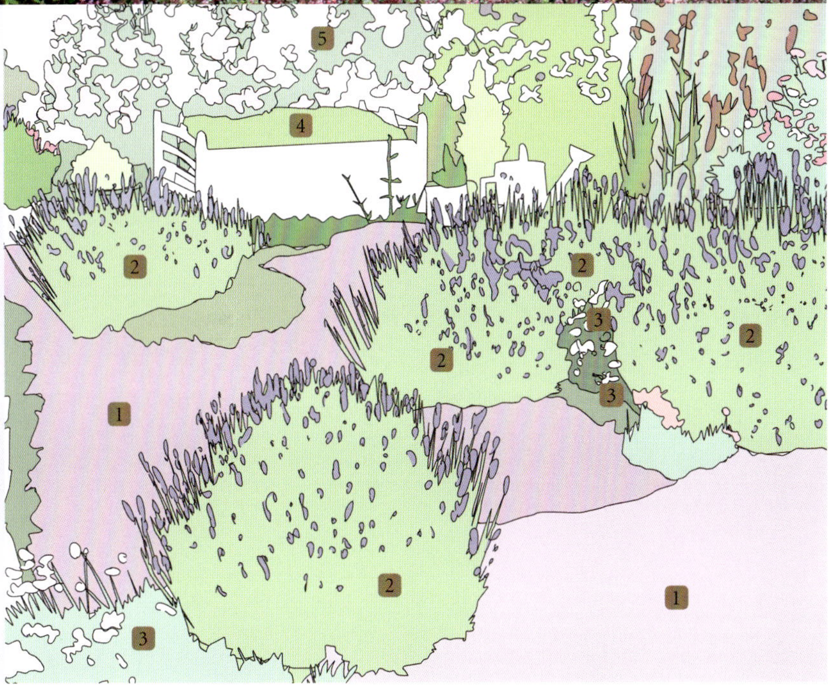

Rasenmäher schneiden. Alternativ kommt auch die manuelle Heckenschere zum Einsatz. Ein solcher Schnitt kräftigt die Pflanzen und fördert den Neuaustrieb.
Weiße, rosa und karminrote Einsprengsel mit Duftnelken lockern den Farbteppich auf. Die Pfingstnelke *(Dianthus gratianopolitanus)* eignet sich gut hierfür, denn ihre graugrünen Polster bleiben ähnlich niedrig wie der Teppichthymian. Ihre Blüten verströmen von Mai bis Juni den typischen, betörenden Nelkenduft.

Duftendes Mobiliar

Der Gag dieser Gestaltung ist die Kamillensitzbank im Hintergrund. Sie lenkt die Aufmerksamkeit auf sich, nicht nur, weil eine alte Holzkiste zur Sitzgelegenheit umfunktioniert wurde, sondern auch durch das leuchtend grasgrüne Polster. Es kontrastiert mit dem silbergrauen Laub des Lavendels. Die Rasenkamille (*Chamaemelum nobilis* 'Treneague') ist eine alte englische Sorte, die sich bestens als Sitzfläche eignet. Sie bildet dichte, nur 5 cm hohe sattgrüne Polster und duftet fein nach Kamille. Weil diese Sorte steril ist, blüht sie nicht und webt dichte, grüne Teppiche. In einem Garten mit sandig-kalkigem Boden kann man sie auch als Ersatz für einen Rasen verwenden. Für eine Sitzbank wie in diesem Beispiel füllt man die Kiste mit sandiger Erde und setzt 15–20 Kamillenpflanzen pro Quadratmeter.
Die Kletterrose an der Hauswand vervollständigt das Arrangement und schafft Räumlichkeit. Damit die Rose dem Blütenarrangement im Vordergrund nicht die Show stiehlt, sollte man eine Sorte mit eher dezenten Blütenfarben in Creme, Weiß oder Rosa wählen. In diesem Pflanzbeispiel erklimmt die Kletterrose 'Phyllis Bide' die Hauswand. Ihre cremefarbenen Blüten erscheinen bis in den Herbst und duften fein.

Mediterrane Kräuter pflegen

Mit einem geeigneten Standort und mit gutem Boden geben Sie Ihren Kräutern die beste Starthilfe. Einige Tricks helfen, Kräuter (fast) rund ums Jahr zu ernten.

Am rechten Fleck

Für jedes Kraut den richtigen Standort zu wählen, ist der halbe Weg zur erfolgreichen Kräutergärtnerei. Aufmerksame Pflege führt als zweite Etappe zum Ziel.

Rechts: *Südliche Sonne prägt den Heimatstandort der mediterranen Kräuter. In kühleren Regionen gilt es, die Sonnenwärme durch nach Süden gerichtete Steinmauern und Hauswände effektiv zu nutzen.*

Unten: *Im Schatten gedeihen nur wenige Kräuter. Bärlauch, der in unseren Laubwäldern heimisch ist, gehört dazu und bildet ausgedehnte Flächen.*

Vieles, was ich in meiner Ausbildung zur Gärtnerin und in den Praxisjahren danach gelernt habe, habe ich mir durch Beobachten angeeignet. Denn ein Garten ist wie ein Versuchsfeld mit vielen Variablen. Die Pflanzen reagieren auf veränderte Bedingungen. Thymian zum Beispiel ist eigentlich eine unproblematische Gartenpflanze, steht er aber in nassem Boden, faulen die Blätter. Basilikum ist überaus wüchsig, wenn jedoch die Temperatur nicht stimmt, legt es keinen Millimeter zu.

Pflanzen zeigen, ob es ihnen gut geht oder nicht. Wenn Sie genau hinschauen, können Sie die Anzeichen dafür erkennen. Aus alten und neuen Beobachtungen und Erfahrungen fügt sich dann wie aus Puzzelteilen ein Bild zusammen. Ist der Blick erst einmal geschärft, können Sie den Zustand ihrer Pflanzen einschätzen und Ihre Gartenwünsche mit den vorhandenen Gegebenheiten abstimmen. Sie lernen, welche Kräuter Sie an welchen Standort setzen können, und ersparen sich dadurch Misserfolge und den Kauf von immer neuen Pflanzen.

Ganz entscheidend: Sonne

Der richtige Standort und die Lichtverhältnisse entscheiden, ob ein Kräutergarten gelingt oder nicht. Jahrelang hatte ich nur ein schattiges Gärtchen hinterm Haus. Meine Leidenschaft für Kräuter war jedoch schon damals so groß, dass ich dennoch ein paar Arten anbaute. Die Minze gedieh in dem Humusboden recht gut, aber sie schmeckte fast nach nichts. Der Salbei wurde schnell von Mehltau befallen, und das Basilikum war einfach nicht aromatisch. Kräuter brauchen eben ein sonniges Plätzchen. Nur hier können sie reichlich Geschmacks- und Inhaltsstoffe entwickeln. Nur wenige Kräuter begnügen sich auch mit einem Schattenplatz und gedeihen hier zufriedenstellend.
Ob Ihre Kräuter genug Sonne bekommen, können Sie an deren Wuchs feststellen. An sonnigen Strandorten wachsen Kräuter gedrungen mit kleinen, festen Blättern. Sie sind gesund und widerstandsfähig gegen Krankheiten sowie Schädlinge. Pflanzt man dieselben Kräuter an einen schattigen Platz, produzieren sie große, schlappe Blätter und lange, dünne Triebe.
Genauso wichtig wie das Licht ist Wärme. In rauen Bergregionen über 600 Meter Höhe kommen mediterrane Arten bei uns nur schlecht zurecht. Nur

Oben: *Basilikum, Petersilie, Dill und viele einjährige Küchenkräuter sind dankbar, wenn ihnen zur Zeit des Anwachsens im Frühling humoser Boden mit Kompost und reichlich Feuchtigkeit auf die Sprünge helfen.*

robuste, angepasste Arten, die aus Bergregionen stammen, wie Echter Lavendel, Bergbohnenkraut, Schnittlauch oder Winterheckenzwiebel, haben hier eine Chance. Rosmarin sollte man in einer solchen Region im Pflanzkübel ziehen und im Haus überwintern. Wer in einer sehr kühlen Bergregion lebt, pflanzt besser heimische Kräuter wie Dost, Feldthymian, Hauswurz, Johanniskraut. Mit diesen Pflanzen lassen sich schöne Berg-Kräutergärten gestalten.

Der Boden als Basis

Der Boden ist die Grundlage für gesundes Kräuterwachstum. Um herauszufinden, mit welchem Boden Sie es in Ihrem Garten zu tun haben, machen Sie am besten eine Spatenprobe. Schon beim ersten Spatenstich werden Sie spüren, wie Ihr Boden beschaffen ist. In schwere Lehmböden dringt der Spaten nur mit großer Mühe ein, in sandige Böden dagegen leicht.
Normalerweise besteht ein Boden aus Sand, Ton, Lehm und Humus. Letzterer entsteht durch den Abbau organischer Substanzen mit Hilfe von Bodenorganismen, ein Garant für die Bodenfruchtbarkeit. Je nach Standort liegen die Bodenbestandteile jedoch in unterschiedlichen Mengen vor: Manche haben einen höheren Sandanteil, andere mehr Lehm. In einem sandigen Boden fließt das Wasser schnell ab, so wie es Kräuter mögen. Prüfen Sie die Bodenqualität, indem Sie etwas Erde in die Hand nehmen. Ein sandiger Boden knirscht zwischen den Fingern und zerbröselt. Enthält der Boden dagegen viel Ton, kann man ihn zu einer Wurst formen.

Hungerkünstler lieben magere, trockene Standorte

Besonders mediterrane Halbsträucher wie Lavendel und Rosmarin mögen steinigen, trockenen und etwas kalkigen Untergrund. Nur in einem mageren, also nährstoffarmen Boden entwickeln sie die nötige Winterhärte. Sie reifen im Herbst besser aus und schützen sich damit gegen Fröste. Der Standort sollte außerdem trocken sein, denn zu viel Wasser schadet den Kräutern.
Ein schwerer lehmiger Boden ist für Kräuter dagegen ungeeignet. Er saugt sich bei Regen voll, manchmal bleibt das

nachhaltig gärtnern

Mulch ist ein guter Lieferant für Humus. Bringen Sie deshalb Pflanzenabfälle wie den Schnitt von abgeblühten Kräutern und Stauden und welke Blumensträuße auf den Kompost oder zerkleinern Sie das Material mit einer Gartenschere. Verteilen Sie es auf dem Beet rund um die Pflanzen. Wenn Sie den Mulch ab und zu mit einer Hacke mit der Erde vermischen, wird er sich bald in wertvollen Humus verwandeln.

Wasser sogar an der Oberfläche stehen. Die Wurzeln bekommen im nassen Boden keine Luft mehr, kümmern und werden von Schädlingen befallen. Man erkennt dies an schlappen Blättern und fauligen, schwarzen Trieben.
Dominiert in Ihrem Garten Lehmboden, sollten Sie ihn unbedingt abmagern. Arbeiten Sie reichlich Sand, Kies und Splitt in die Erde ein. In extremen Fällen kann es sogar nötig sein, den Boden komplett auszutauschen. Dazu hebt man die Erde mindestens 60 cm – also zwei Spaten – tief aus und füllt eine Schicht aus Schotter, Ziegel- oder Bauschutt ein. Als Oberboden gibt man ein Gemisch aus Gartenboden, Kalksplitt, Lavagranulat, feinem Kies oder Sand darüber. Auch handelsübliches Dachgartensubstrat ist zu empfehlen.
Eine andere Lösung für feuchte Standorte sind erhöhte Beete, weil hier das Regenwasser schneller abfließen kann. Eine Kräuterspirale oder terrassierte Beete am Hang sind deshalb ideale Standorte für trockenheitsliebende Kräuter.
Kräuter wachsen auch ohne Weiteres in einem Kiesbeet, sobald sie sich gut eingewurzelt haben. Für einen guten Start geben Sie den Pflanzen eine Gabe niedrig dosierten organischen Langzeitdünger. Sind Lavendel und Co. größer, benötigen sie nur noch alle zwei Jahre eine Gabe Magnesiumkalk.

Kräuter für nährstoffreiche Böden

Einige Kräuter bevorzugen tiefgründigen, leicht feuchten, nahrhaften Humusboden. Dazu gehören Minze, Basilikum, Liebstöckel, Dill, Sauerampfer, Petersilie, Koriander, Zitronenverbene sowie aus den Tropen stammende Arten wie Ananas-Salbei, Zitronengras oder Vietnamesischer Koriander. Sie brauchen reichlich »Futter« in Form von Nährstoffen, um nicht zu hungern.

Geben Sie diesen Pflanzen einen guten Humusboden, wie er für den Gemüsegarten typisch ist, indem Sie ihren Gartenboden aufbereiten. Dazu arbeiten Sie Kompost in den Boden ein. Es entsteht ein aktives Bodenleben mit Regenwürmern, Bodentieren und Mikroorganismen. Sie sorgen dafür, dass der Boden eine lockere, krümelige Struktur bekommt und reichlich Humus enthält – das »Gold« des Gärtners. Ein solcher Boden liefert Nährstoffe und Feuchtigkeit, lässt aber zugleich genügend Luft an die Wurzeln – so wie es die anspruchsvolleren Kräuter mögen. Pflanzen Sie nährstoffliebende Kräuter am besten zusammen, zum Beispiel auf ein Hochbeet, und bringen Sie im Frühjahr etwas organischen Dünger aus, bevor Sie das Beet bepflanzen.

Unten: *Hängender Rosmarin schmiegt sich an eine Natursteinmauer. Mediterrane Halbsträucher und Stauden lieben karge Böden: Pflanzen Sie sie deshalb in Kies- und Schotterbeete oder in Dachgartensubstrat. Hier wachsen sie gesund und werden widerstandfähig.*

Oben: *Eine Mulchschicht aus Muscheln speichert Wärme und lässt die Pflanzen nach einem Regenguss schnell abtrocknen. Ebenfalls gut geeignet sind Ziegelbruch, Kalksplitt oder Kieselsteine.*

Rechts: *In einem Garten mit Klinkersteinen, Mauern und Gehölzen, die vor Wind schützen, herrscht ein günstiges Kleinklima für wärmeliebende Pflanzen.*

Fit bei Hitze und Frost

Mediterrane Pflanzen wachsen auch in unseren Breiten gut, wenn das Klima günstig ist. Mildes Klima herrscht zum Beispiel in den Weinbauregionen. Wenn das Thermometer im Winter nicht tiefer als -12 °C sinkt, haben Rosmarin, Lorbeer und Zistrose gute Chancen, bei uns Fuß zu fassen. Gärten mit Feigenbäumen, Olivenbäumen und Granatapfel sind inzwischen keine Seltenheit mehr. Vor allem umgrenzte Stadtgärten und Hinterhöfe haben einen Vorteil gegenüber freien Lagen. Denn Städte sind im Durchschnitt rund 2 °C wärmer als das Umland. Mediterrane Kräuterpflanzungen finden deshalb in Hausnähe ein hervorragendes Kleinklima, um ausgezeichnet zu gedeihen.
Zusätzlich können Sie das Kleinklima in Ihrem Garten positiv beeinflussen. Je strukturierter ein Garten nämlich ist, desto günstiger sind die Lebensbedingungen für Rosmarin und Co. Kies, Steinmauern, Hauswände, Bodenplatten und Gehölze speichern beispielsweise Wärme. Auch Wasserflächen wirken temperaturausgleichend. Genauso wichtig ist eine Hecke oder Mauer als Windschutz auf der Wetterseite – vor allem im Winter. Denn es sind gerade die austrocknenden Winde, die den immergrünen mediterranen Kleinsträuchern in der kalten Jahreszeit Stress bereiten.

Hitze und Trockenheit

Der Klimawandel zeigt auch bei uns Auswirkungen: Frühjahr und Frühsommer werden immer trockener, und es kommt häufiger zu Hitzesommern sowie Extremwetterlagen. Diese Veränderungen bringen für Kräutergärten sowohl Chancen als auch Risiken mit sich. Hitzerekorde und Trockenheit kommen den mediterranen Pflanzen sicherlich entgegen. Zum Teil verlängert sich dadurch ihre Vegetationsphase. Doch frühe Hitze- und Trockenheitsphasen in den Monaten April und Mai bedeuten für die Kräuter Stress. In dieser Zeit legen die Pflanzen mit dem Wachstum los, und Aussaaten sowie frisch gepflanzte Setzlinge brauchen gerade in der wichtigen Phase des Anwachsens genügend Feuchtigkeit. Ist es in diesen Wochen schon unnatürlich heiß, erleiden die Kräuter Trockenstress. Denn die viel gepriesene Trockenheitsresistenz der Mittelmeerkräuter kommt erst zum Tragen, wenn die Pflanzen eingewurzelt sind und sich gut etabliert haben. Im Stadium des Anwachsens brauchen sie dagegen Feuchtigkeit. In einem trockenen Garten heißt das, dass man reichlich gießen muss.

Wasserverlust vermeiden

Damit der Wasserverbrauch nicht ins Uferlose steigt, sollten Sie das Wasser möglichst effektiv einsetzen. Voraussetzung dafür ist ein biologisch gepflegter Boden, er ist der beste Wasserspeicher. Mulchen Sie den Boden deshalb mit einer Schicht aus Grasschnitt und samenfreien Pflanzenabfällen. Damit füttern Sie das Bodenleben, und der Boden kann das Wasser besser speichern. Auch regelmäßiges Hacken verhindert die Verdunstung von Bodenfeuchtigkeit. Gießen Sie außerdem lieber selten und ergiebig als oft und oberflächlich. Der beste Zeitpunkt dafür ist frühmorgens oder abends, dann verdunstet das Wasser nicht so schnell.

Vor Winternässe schützen

Schwieriger wird es für die mediterranen Kräuter jedoch, wenn Unwetter, Stürme und ergiebige Regengüsse zunehmen. Das ist vor allem im Winter der Fall. Manch ein Lavendel ist im Winter nicht erfroren, sondern eingegangen, weil seine Wurzeln im Wasser standen und verfaulten. Deshalb ist es wichtig, für einen durchlässigen Boden zu sorgen, der gut abtrocknen kann. Kräuter im Kiesbeet oder in einem Substrat aus Lavagranulat, Ziegelschutt, Dachgartensubstrat oder Kalkschotter überstehen Frostperioden besser als in einem schweren Lehmboden, weil die Wurzeln immer genug Luft bekommen.

Gut vorbereitet für den Winter

Trotz Klimawandel wird es nach wie vor klirrend kalte Nächte geben. Schützt dann keine Schneedecke die Pflanzen, kann der Frost den mediterranen Kräutern ein Ende bereiten.
Sorgen Sie deshalb dafür, dass Ihre Kräuter abgehärtet in den Winter gehen. Wenn die Tage im Herbst kürzer werden, sollten die immergrünen Pflanzen ihr vegetatives Wachstum abschließen und ausreifen. Sie lagern dann Zucker und Eiweißstoffe als »Frostschutzmittel« in den Blättern ab. Möglich ist dies aber nur, wenn man ab August nicht mehr düngt und wenn der Herbst nicht zu nass ist. Ein trockener, magerer Standort erhöht auch hier die Überlebenschancen.

Gesunde Kräuter

Wenn Pflanzen mit allem versorgt sind, was sie brauchen, gedeihen sie gut. Ein geeigneter Standort, der ihre Ansprüche erfüllt, und die richtige Pflege sind deshalb die besten Voraussetzungen dafür, dass Kräuter gesund bleiben. Während Schnittlauch aus kalten Gebirgszonen auch noch mit einem ungeschützten Platz zurechtkommt, brauchen Zitronengras aus den Tropen und Thymian aus trockenen Mittelmeerregionen eben einen warmen, sonnigen Platz, sonst gedeihen sie schlecht.
Informieren Sie sich deshalb vor dem Kauf über die genauen Ansprüche der einzelnen Kräuter. Wichtige Hinweise für die Kultur finden Sie in den Kräuterporträts ab Seite 96.

Qualität muss sein

Schon im Frühling werden die Weichen gestellt. Achten Sie beim Kauf von Jungpflanzen für ein Kräuterbeet unbedingt auf gute Qualität. Kräftige, vitale Pflanzen werden später in Ihrem Garten gesund wachsen. Töpfe mit großen, übermäßig gedüngten Pflanzen sollten Sie dagegen stehen lassen: Sie sehen verlockend aus, aber ob sie den rauen Bedingungen des Freilands standhalten, ist eine andere Frage. Meine Empfehlung ist: Geben Sie kleinen, gedrungenen Kräutern den Vorzug. Im jungen Stadium passen sich solche Pflanzen den neuen Bedingungen besser an. Und wenn sie erst eingewurzelt sind, machen sie den Rückstand in punkto Größe um ein Vielfaches wett.
Regionale Gärtnereien oder biologisch arbeitende Betriebe mögen etwas teurer sein als Supermärkte, doch die Investition lohnt sich: Sie führen meist regionale, an das lokale Klima angepasste Pflanzen im Sortiment, die obendrein meist in mineralischem Substrat gezogen wurden und nicht überdüngt sind. Diese Pflanzen erkennt man meist daran, dass sie kräftige, kompakte Blätter und stabile Stängel haben. Von vielen Kräutern gibt es heute unglaublich viele Sorten. Manche sind auf besonders attraktive Blätter, üppige, lange andauernde oder gefüllte Blüten gezüchtet. Entscheiden Sie aber nicht nur nach ästhetischen Kriterien. Nach meiner Erfahrung sind Züchtungen mit besonders attraktiven Blättern oder Blüten oft nicht so langlebig. Wildformen oder ihnen ähnliche Züchtungen, die an den Standort angepasst sind, erweisen sich dagegen als robust und langlebig. Fragen Sie beim Einkauf danach.

Sanft behandeln und vorbeugen

Doch auch bei der besten Pflege kann es je nach Witterungsbedingungen zu einer Invasion von Blattläusen oder Weißer Fliege oder zu einem Befall mit Mehltau oder Rost kommen. Greifen Sie dann nicht zu Pestiziden. Ein Schädlingsbefall ist ein natürlicher Vorgang, mit dem Sie so entspannt wie möglich umgehen sollten. Nach meiner Erfahrung bringt die Natur eine solche Situation oft selbst wieder ins Gleichgewicht. Je artenreicher ein Garten, desto mehr Nützlinge finden hier einen Lebens-

1 *Die gute Qualität der Jungpflanzen ist Voraussetzung für ein gesundes Wachstum. Kontrollieren Sie die Pflanzen beim Kauf auf Schädlinge und prüfen Sie, ob der Erdballen gut durchwurzelt ist. Vor dem Pflanzen den Topf in einem Eimer wässern.*

2 *Bei Blattlausbefall hilft Geduld: Meist werden Marienkäfer durch die Läuse angelockt und vertilgen die Schädlinge. Bleiben die Käfer aus, reduzieren Sie die Kolonien mit einem Wasserstrahl und greifen Sie zu natürlichen Pflanzenschutzmitteln.*

3 *Resistente Pflanzen bekommen Sie, wenn Sie von gesunden, einjährigen Kräutern eigenes Saatgut gewinnen. Solche Pflanzen sind an Standort und Klima angepasst. Bei ausdauernden Kräutern liefern Stecklinge oder Ausläufer Nachwuchs.*

raum. Mit den Blattläusen tauchen natürliche Fressfeinde wie Marienkäfer, Schwebfliege, Florfliege oder Ohrwürmer auf und halten die Plagegeister in Schach. Beobachten Sie deshalb zunächst genau, was Ihren Pflanzen fehlt und greifen Sie mit entsprechenden Kulturmaßnahmen und sanften Mitteln ein. Schließlich möchte kaum jemand selbst gezogene Kräuter mit chemischen Pestiziden behandeln.

- Vorbeugende Maßnahmen sind oft sehr wirkungsvoll. Achten Sie bereits beim Bepflanzen darauf, dass die Kräuter nicht zu dicht stehen, denn Pflanzen brauchen Luft, die um sie zirkulieren kann. Ein warmes, stickiges Milieu ist dagegen eine Brutstätte für Insekten oder Pilzerreger. Stehen die Pflanzen im Kräuterbeet zu eng, hilft ein befreiender Rückschnitt.
- Wenn Blätter von einer Pilzkrankheit befallen sind, hilft Hygiene. Schneiden Sie Stängel von Pfefferminze oder Zitronenmelisse, die mit Rost befallen sind, ganz unten an der Basis ab. Entsorgen Sie das kranke Schnittgut nicht auf dem Kompost, sondern in der Biomülltonne. Der Neuaustrieb ist dann meist wieder gesund.
- Wenn die Blätter von Petersilie plötzlich gelb werden, sind Nematoden (Wurzelälchen) die Ursache. Das Problem lässt sich vermeiden, indem man Petersilie nie zweimal an dieselbe Stelle setzt und am besten in Mischkultur mit Tagetes pflanzt. Tagetes vertreibt mit ihren Aromen diesen Wurzelschädling.
- Auch ein Blattlausbefall im Frühsommer muss keine Katastrophe sein. Wenn sich die Läuse an den jungen Trieben zu schaffen machen, streift man sie einfach mit den Fingern ab oder vertreibt sie mit einem Wasserstrahl. Das schont die Nützlinge. Setzt man dagegen sofort chemische Präparate ein, vernichtet man meist auch die natürlichen Fressfeinde.

Oben: *Ein artenreicher Garten ist für viele verschiedene Nützlinge ein Refugium. Ohrwürmer, Schlupfwespen, Marienkäfer und Florfliegen machen Jagd auf Blattläuse und Co. Singvögel reduzieren Maden in den Obstbäumen, Igel und Erdkröten machen Nacktschnecken das Leben schwer.*

nachhaltig gärtnern

Bei starkem Blattlausbefall hilft dieses lang erprobte Rezept für eine Schmierseifenlösung. Dafür geben Sie 2 EL Schmierseife und 1 TL Brennspiritus auf 1 L Wasser. Spritzen Sie die Lösung mit einer Sprühflasche auf befallene Pflanzen. Gegen andere Schädlinge wie Weiße Fliege, Tripse oder Zikaden haben sich Gelbtafeln oder Pyrethrum bewährt. Letzteres ist ein Mittel aus einer Chrysanthemenart, das sich biologisch abbaut. Doch Vorsicht: Auch natürliche Pflanzenschutzmittel darf man nur vorsichtig einsetzen, damit andere Insekten nicht Schaden nehmen.

Kräuterkultur rund ums Jahr

Gärtnern mit den Jahreszeiten orientiert sich an den Wachstumsphasen der Pflanzen. Mit einer geschickten Planung können Sie das Kräuterjahr in den Winter hinein verlängern oder bereits im zeitigen Frühjahr damit starten.
Der Winter ist eine Zäsur im Kräutergarten. Einjährige Südländer wie Kapuzinerkresse und Basilikum sterben ab, immergrüne Halbsträucher reduzieren ihr Wachstum. Kälteresistente Stauden und Zwiebelgewächse sammeln ihre Kraft in den unterirdischen Pflanzenteilen, um wieder auszutreiben, sobald es Frühling wird.

Unten: *Basilikum und Koriander sprießen im Winter auch auf der Fensterbank. Allerdings sollten die Kräuter so hell wie möglich stehen und nicht der Zentralheizungsluft ausgesetzt sein.*

Kräuterkultur im Haus

Auch wenn draußen Minusgrade herrschen, können im Haus wärmeliebende mediterrane Kräuter weiterwachsen. Ein Topf mit Zitronenthymian liefert noch eine ganze Zeit lang Blättchen mit feinem Aroma, ebenso das mehrjährige Basilikum 'African Blue', Zitronengras, Vietnamesischer Koriander und Ananas-Salbei. Topfen Sie die Pflanzen rechtzeitig vor dem Frost ein und stellen Sie sie an ein helles Fenster. Achten Sie darauf, dass sie genug Licht bekommen und weder in trockener Zentralheizungsluft noch feucht und stickig stehen. Auch Rosmarin, Lorbeer, Myrrhe, Pelargonie und Zitronenblatt wandern vor dem ersten Frost ins Winterquartier. Suchen Sie einen kühlen, hellen Platz für diese Überwinterungsgäste aus. Ein Wintergarten ist ideal, aber auch ein unbeheiztes Gästezimmer oder ein Platz an einem Fenster im Treppenhaus eignen sich. Je wärmer der Standort, desto heller sollte er sein. Gießen Sie nur so viel, dass der Ballen nicht austrocknet. Zitronenverbene kann ebenfalls kühl überwintern. Wenn Sie das Gießen einstellen, verliert sie das Laub und treibt im Frühjar wieder aus. Steht sie jedoch hell und warm und wird gegossen, versorgt sie uns im Winter mit Teeblättern. Ab März dürfen die Wintergäste dann wieder ins Freie. Gehen Sie dabei behutsam vor und gewöhnen Sie die Pflanzen nach und nach an die Bedingungen im Freiland.

Munteres Treiben am Küchenfenster

Zwiebel- und Lauchgewächse gehören zu den ersten Vitaminlieferanten im Jahr. Denn Zwiebelpflanzen reagieren auf den Kältereiz, er ist ihr Startsignal für neues Wachstum. Das können Sie wunderbar für die Treiberei am Küchenfenster nutzen. Sobald Schnittlauch

Rechts: *Schneiden Sie im Sommer bei mediterranen Halbsträuchern verblühte Stängel ab. Das stärkt die Pflanzen.*

Unten: *Ein Vlies schützt empfindliche Kräuter im Winter und verlängert die Ernte.*

und Schnittknoblauch dem Frost ausgesetzt waren, starten sie mit dem neuen Austrieb. Graben Sie, wenn Frost angesagt ist, die Wurzelballen aus und lassen Sie sie eine Nacht lang durchfrieren. Dann topfen Sie sie ein und stellen Sie sie an ein warmes Küchenfenster – bald werden sie sprießen.

Coole Kräuter

In milden Wintern wächst auch im Freien im Kräutergarten mehr, als es auf den ersten Blick scheint, denn einigen Arten können auch ein paar Minusgrade nichts anhaben. Petersilie, Schnittsellerie, ausdauernder Rucola und Ewige Zwiebel gehören zu diesen robusten Kandidaten. Noch bessere Möglichkeiten zur Kräuterernte in der kalten Jahreszeit bieten Vlies, Folientunnel und Gartengewächshaus. Säen Sie im Juli oder August Petersilie und Schnittsellerie. Diese zweijährigen Kräuter bilden noch vor dem Winter Blattrosetten und treiben unter einem schützenden Dach ab Februar saftige Blätter. Vergessen Sie aber nicht, Folientunnel oder das Gewächshaus regelmäßig zu lüften. Denn die gestaute Luft unter der Folie kann Fäulnis bewirken.

Auch Sauerampfer, Liebstöckel, Zitronenmelisse, Schnittlauch und Chinesischen Lauch kann man unter Folie pflanzen. Der Oktober ist ein guter Zeitpunkt dafür. Ebenso sind Asiasalate wie Blattsenf, Pak Choi oder Mizuna eine interessante Entdeckung für den Winteranbau. Die schnellwüchsigen, meerrettichartig-scharfen Kohlgewächse aus Asien sind anspruchslos und sehr kältetolerant. Die zarten, aromatischen und vitaminreichen Blätter kann man schon im frühen Zustand ernten. Säen Sie den Samen im September und Oktober unter Folie aus.

Der richtige Schnitt

Mit dem Schnitt zum richtigen Zeitpunkt fördern Sie das Wachstum Ihrer Kräuter. Im April beginnen mediterrane Halbsträucher mit dem Austrieb. Jetzt schneidet man Salbei, Lavendel und Co. um gut ein Drittel herunter. Setzen Sie die Schere dabei oberhalb der neuen grünen Triebspitzen an. Oregano, Dost, Zitronenmelisse und Minze schneidet man dagegen bodennah ab.

Für die Blüte und Samenbildung im Juni und Juli verbrauchen viele Kräuter ihre Kraft. Schneiden Sie deshalb verblühte Stängel ab. Das stärkt die Pflanzen für einen zweiten Austrieb im Spätsommer und Herbst. Lavendel und Oregano bringt ein Sommerschnitt in die typische Kissenform. Auch Kräuterhecken werden jetzt gestutzt. Ab September schneidet man nicht mehr, damit die Halbsträucher für den Winter ausreifen.

Mediterrane Kräuter im Porträt

Würzig, zitronig oder blumig-mild? Die Palette der Kräuter lässt für Liebhaber mediterraner Düfte und Genießer aromatischer Speisen kaum Wünsche offen.

Ein Bouquet aus Kräutern

Von Anis-Ysop bis Zitronenthymian, von Lavendel bis Wermut: Altbekannte Kräuter und Neuentdeckungen laden zum Genießen ein.

Rechts: *Blumen und Kräuter für trockenwarme Standorte gibt es in reicher Fülle. Hier vereinen sich silbernes Heiligenkraut, Steinbrech, Goldlack 'Bowles Mauve', Iris und Buchs zu einem reizvollen Vorgärtchen im Cottage-Stil.*

Unten: *Eine Kräuterpflanzung gedeiht prächtig, wenn man die Pflanzen sorgfältig auswählt und ihnen das gibt, was sie brauchen.*

Wer auf den Geschmack gekommen ist, dem bieten Kräuter heute viele Möglichkeiten. Gärtnereien bieten ein enormes Spektrum an Arten und Sorten an, sodass für jeden etwas dabei ist. Verlockende Namen wie Apfelduftgeranie oder Schokominze machen neugierig und Lust, sie im Garten auszuprobieren.

Um Ihnen die Qual der Wahl etwas zu erleichtern, stelle ich auf den folgenden Seiten eine Auswahl an mediterranen und anderen Kräutern vor. Neben Aroma und Verwendung sind dort auch ihre Standort- und Pflegeansprüche beschrieben.

Die ausgewählten mediterranen Kräuter sind bewährte Arten und Sorten und weitgehend an unser Klima angepasst. In milden Klimazonen Deutschlands können Sie viele davon ohne Weiteres anbauen. Welche Sie dagegen im Winter umquartieren müssen, entnehmen Sie den Pflegeanleitungen.

Für alles ist ein Kraut gewachsen

Die Kräuterporträts spiegeln einen Ausschnitt des Sortiments wieder, aber ich habe mich natürlich auch von meinen Vorlieben und Erfahrungen leiten lassen. Sie finden Arten, mit denen Sie mediterranes Flair im Garten zaubern können, sowie Kräuter für die kreative Küche. Mediterrane Klassiker wie Salbei, Thymian und Basilikum mit ihren verschiedenen Sorten sind genauso beschrieben wie verwandte heimische Arten, etwa Bärlauch oder Feldthymian. Die Palette der mediterranen Pflanzen wurde erweitert durch Arten aus anderen Regionen, die gut in ein mediterranes Kräuterbeet passen und ganz ähnliche Ansprüche haben. Beispiele sind Duftpelargonien oder Zitronenverbene. Neben den Klassikern finden Sie hier auch einige Neuentdeckungen aus asiatischen Ländern, die sich als erstaunlich anpassungsfähig erwiesen haben, etwa Japanischer Ingwer.

Die Kräuter sind nach ihrer Hauptverwendung und ihrem Aroma in Gruppen unterteilt. Kräuter mit kräftig-würzigem Aroma wie Thymian und Oregano, solche mit zitroniger Note wie Zitronenthymian oder Kräuter für die asiatische Küche wie Zitronengras und Thai-Basilikum sind jeweils zusammengefasst. Ebenso finden Sie Kräuter für Tees und Drinks, Kräuter zum Räuchern oder solche, die sich zum Vertreiben von Insekten eignen und vieles mehr.

Kräftig-aromatische Würze

◁ Dost, Wilder Majoran *Origanum vulgare*

Höhe: *30–50 cm* **Blüte:** *rosa-weinrot; Juli bis September*
Dost oder Wilder Majoran kommt in ganz Süd- und Mitteleuropa sowie in Asien bis nach Sibirien vor. Er wächst auf Kies- und Schotterflächen und im felsigen Gebirge. Mit seiner langen Blütezeit eignet sich Dost für naturnahe Kräutergärten, denn er lockt Scharen von Schmetterlingen an. Dost wächst in magerem, durchlässigem Boden in voller Sonne. Schneiden Sie die Staude im Frühling bis auf eine Handbreit über dem Boden zurück, ansonsten ist keine Pflege nötig. Dost schmeckt nicht so aromatisch wie sein mediterraner Verwandter, der Oregano, sondern eher leicht bitter. Die Blütenstiele sind auch getrocknet in Kräuterkränzen attraktiv.

▷ Gelbbunter Oregano *Origanum vulgare* 'Aureum'

Höhe: *40–50 cm* **Blüte:** *weiß; Juli bis August*
Gelbbunter Oregano, eine Kulturform des heimischen Oregano, ist ein attraktiver Bodendecker und eine hübsche Blattschmuckpflanze. Die Sorten 'Aureum' und 'Thumble' mit gelbem Laub und 'Variegata' mit weiß-grünen Blättern sehen sowohl im Steingarten als auch im Staudenbeet gut aus, besonders mit dunkellaubigen Pflanzen wie Buchs. Dieser Oregano wächst auch im Halbschatten gut. Er gedeiht auf magerem Boden und braucht kaum Pflege außer einem Rückschnitt nach der Blüte. Die Blätter sind aromatisch und werden in der Küche und als Tee verwendet.

◁ Sizilianischer Oregano *Origanum × majoricum*

Höhe: *40–50 cm* **Blüte:** *weiß; Juli bis August*
Diese Kreuzung aus Majoran und Oregano kommt aus Süditalien. Sizilianischer Oregano will sonnig, warm und trocken stehen und mag ab und zu etwas Kalk. Sein Platz ist der Steingarten oder die Kräuterspirale. Schwere Böden sollte man mit Sand, Kies oder Splitt abmagern. Nasse Füße im Winter machen ihm zu schaffen. Nur wenn er trocken steht, ist er bei uns winterfest. In rauen Lagen braucht er etwas Winterschutz. Am intensivsten ist sein Aroma zur Zeit der Blüte. Dann ernten Sie die blühenden Oreganostängel für den Wintervorrat. Getrocknet schmeckt Oregano feiner und fruchtiger und nicht so beißend wie frisch.

◁ Kretamajoran, Diptamdost *Origanum dictamnus*

Höhe: *40 cm* **Blüte:** *rosa-violett; Juli bis August*
Diese Oregano-Art von der Insel Kreta fällt durch ihre samtigen, silbrig-behaarten Blätter und ihre außergewöhnlichen Blütenzapfen auf. Kretamajoran eignet sich gut für den Steingarten oder eine mediterrane Balkonbepflanzung, denn mit seinen überhängenden Zweigen sieht Kretamajoran auch im Topf gut aus. Er braucht durchlässige, sandige Erde und einen sonnigen, warmen Platz. Ab Mai kann man ihn ins Beet pflanzen. Weil er nicht frosthart ist, zieht man ihn als einjährige Pflanze im Kräuterbeet oder hält ihn im Topf und überwintert ihn bei 10 °C. Die fein-aromatischen Blätter eignen sich als Würze für viele mediterrane Speisen.

▷ Echter Majoran *Origanum majorana*

Höhe: *30–40 cm* **Blüte:** *weiß; Juni bis August*
In südlichen Ländern verholzt Echter Majoran und wächst ausdauernd, bei uns wird er einjährig gezogen. Er braucht viel Wärme und einen sonnigen Platz. Säen Sie ihn ab März auf der Fensterbank in Aussaatschalen und bedecken Sie die Samen nur ganz dünn mit Erde. Ab Mitte Mai pflanzt man ihn in nährstoffreichen, mit Kompost verbesserten Boden. Ernten Sie immer ganze Stängel, dann treibt die Pflanze kräftig nach. Ein Schnitt nach der Blüte ermöglicht eine zweite Wachstumsphase im Herbst. Majoran passt gut zu Kartoffelgerichten, Gemüse und ist unverzichtbares Gewürz der Thüringer Bratwurst.

◁ Griechischer Oregano *O. vulgare* subsp. *hirtum*

Höhe: *40–50 cm* **Blüte:** *rosa-weiß; Juli bis August*
Wenn Sie das original Pizza- und Tomatengewürz suchen, pflanzen Sie Griechischen Oregano. An einem vollsonnigen Standort im Garten entwickelt er sein intensives Aroma am besten. Er ist sehr genügsam. Ein sandiger, steiniger Boden, Wärme und ab und zu etwas Kalk reichen aus. Wie der Sizilianische Oregano ist auch dieser Oregano bei uns nicht ganz winterfest. Eine Abdeckung aus Reisig im ersten Jahr der Pflanzung ist sinnvoll. Griechischer Oregano passt gut in naturnahe Steingärten. Seine schönen, lange geöffneten Lippenblüten locken Insekten an. Ein Rückschnitt nach der Blüte im Sommer fördert den Wuchs.

Kräftig-aromatische Würze

▷ Einjähriges Bohnenkraut *Satureja hortensis*

Höhe: *40–60 cm* **Blüte:** *weiß bis zartlila; Juli bis September*
Sommer-Bohnenkraut und Bohnen gehören einfach zusammen. Die einjährige pfeffrig-würzige Pflanze stammt aus dem östlichen Mittelmeergebiet und kam mit den Klostergründungen über die Alpen. Bohnenkraut entwickelt sein Aroma nur an sonnigem Standort. Wie alle einjährigen Kräuter braucht es reichlich Nährstoffe. Geben Sie Kompost oder etwas organischen Dünger in die Erde. Man sät im Mai direkt in den warmen, gut gelockerten Boden aus. Ernten Sie das Kraut kurz vor der Blüte. Sie können die Stängel zusammen mit grünen Bohnen, Fisch oder Lammfleisch garen. Dicke Bohnen, Linsen und Kohleintöpfe werden mit Bohnenkraut bekömmlicher.

◁ Winter- oder Bergbohnenkraut *Satureja montana*

Höhe: *60–80 cm* **Blüte:** *weiß; Juli bis August*
Bergbohnenkraut stammt aus der Mittelmeerregion, ist aber bei uns winterhart. Auch die lange Blütezeit und Schnittverträglichkeit sind ein großes Plus. Der immergrüne Halbstrauch eignet sich sehr gut für Kräuterhecken. Durchlässiger, kalkiger Boden und viel Sonne sind optimal. Pflanzen Sie Jungpflanzen oder säen Sie den Samen ab April auf der Fensterbank aus. Außer einem Rückschnitt nach der Blüte und im Frühjahr vor dem Austrieb ist keine Pflege nötig. Mit dem pfeffrigen, kräftigen Geschmack ist es ein ideales Gewürz für Tomatensauce und Pizza. Verwenden Sie den zarten Austrieb im Frühjahr. Später werden die Blätter hart.

▷ Kriechendes Bergbohnenkraut *Satureja spicigera*

Höhe: *15–20 cm* **Blüte:** *weiß; August bis Oktober*
Der aromatische, mediterrane Zwergstrauch bildet ein dichtes, grünes Polster. Auffallend sind die im Spätsommer lange Zeit offenen weißen Lippenblüten, die Bienen und Hummeln anlocken. Kriechendes Bergbohnenkraut ist als Bodendecker für den Steingarten, die Kräuterspirale und Steinmauern zu empfehlen. Die Bodenansprüche sind, wie bei allen verholzenden *Satureja*-Arten, äußerst gering, Hauptsache, er hat einen warmen Platz, der im Winter frei von Staunässe ist. Dann überdauert die Pflanze Jahrzehnte im Garten. Mit dem Kraut würzt man Bohnen, Fleischgerichte und kräftige Eintöpfe.

◁ Olivenkraut, Grünes Zypressenkraut

Santolina rosmarinifolia

Höhe: *40 cm* **Blüte:** *gelb; Juli bis August*
Olivenkraut ist ein enger Verwandter des Heiligenkrauts *(Santolina chamaecyparissus)*, hat aber sattgrüne, nadelartige Blätter, die nach Oliven duften. Die gelben Blütenknöpfe bilden einen hübschen Kontrast zu den Nadeln. Typisch ist der gleichmäßige Wuchs, deshalb ist der mediterrane Zwergstrauch gut für kompakte Kräuterhecken geeignet. Pro Meter rechnet man mit vier bis fünf Pflanzen. Der Boden sollte mit Kalksplitt abgemagert und gut durchlässig sein. Olivenkraut ist winterhart. Schneiden Sie die Pflanze im Frühling auf etwa ein Drittel der Länge zurück. Die Pflanze ist harzhaltig und zum Räuchern gut geeignet, aber auch als sparsame Würze für mediterrane Gerichte zu verwenden.

▷ Zitronen-Bergbohnenkraut

Satureja montana subsp. *montana* var. *citriodora*

Höhe: *20–30 cm*
Blüte: *weiß bis hellila; Juli bis September*
Mediterranes Kräuteraroma, Pfefferwürze und dazu noch frischer Zitronenduft – was will man mehr? Zitronen-Bergbohnenkraut gilt es zu entdecken. Der Zwergstrauch aus dem Süden mit den kleinen, duftenden Blättern wächst locker verzweigt und mag einen sonnigen Standort. Er ist sehr robust und bei uns winterhart. Damit ist er eine ideale Pflanze für den mediterranen Kräutergarten. Zitronen-Bergbohnenkraut passt hervorragend zu Fischgerichten, zu Kurzgebratenem und kräftigen Eintöpfen. Auch in Teemischungen sind die Blätter sehr lecker. Wie alle hartlaubigen mediterranen Kräuter können Sie Zitronen-Bergbohnenkraut gut trocknen. Es eignet sich auch zum Aromatisieren von Essig und Öl.

Kräftig-aromatische Würze

▷ Echter Thymian *Thymus vulgaris*

Höhe: *30–40 cm*
Blüte: *klein, blassrosa; Juni bis Juli*
Der immergrüne Echte Thymian oder Gartenthymian ist eine Kulturform des mediterranen, wilden Thymians. Er hat sich an unser Klima gewöhnt und ist deshalb weitgehend winterfest. Pflanzen Sie ihn in kalkhaltigen, sandigen, nährstoffarmen Boden, nur so entwickelt er genügend Aromastoffe. Ein Platz im Steingarten oder auf der Kräuterspirale ist ideal. Er braucht ein trockenes Milieu, viel Sonne und Wärme und ist empfindlich gegen Winternässe. Zur Anzucht sät man ihn in Gefäßen an der Fensterbank aus. Die Samen darf man aber nicht mit Erde bedecken, da er ein Lichtkeimer ist. Thymian verholzt und wird nicht sehr alt. Am besten erneuern Sie die Bepflanzung alle vier bis fünf Jahre. Thymian schmeckt frisch und getrocknet. Blühende Zweige haben das intensivste Aroma.

◁ Sandthymian *Thymus serpyllum*

Höhe: *5–10 cm*
Blüte: *weiß, rosa, purpur; Juni bis Juli*
Von dem bei uns heimischen Sandthymian gibt es zahlreiche Formen und Sorten. Beliebt sind die weiß blühende Sorte ‘Albus’, die magentafarbene ‘Coccineus’ oder die Sorte ‘Lemon Curd’ mit frischem Zitronenduft. Sandthymian wächst niedriger als Feldthymian und verbreitet sich leicht durch Ausläufer. Die duftenden, blühenden Kräutermatten sind eine Augenweide. Wie Gartenthymian gedeiht er in sandigem, magerem Boden, braucht aber keinen Kalk. Man kann ihn auch in Mauerritzen und zwischen Bodenplatten setzen. Mit seinen festen, drahtigen Zweigen ist Sandthymian besonders trittfest und eignet sich neben Kümmelthymian und Rasenkamille bestens für einen strapazierfähigen Duftrasen. Für einen Duftteppich pflanzt man ihn mit einem Abstand von 25 cm, das entspricht etwa 10–15 Pflanzen pro Quadratmeter. Nach der Blüte können Sie den Thymianrasen einfach mit dem Rasenmäher schneiden.

▷ Kümmelthymian *Thymus herba-barona*

Höhe: *5–10 cm* **Blüte:** *purpurfarben; Juni bis Juli*
Der flachwüchsige, sehr blühfreudige Kümmelthymian stammt aus Korsika und Sardinien. Seine kleinen Blätter duften und schmecken nach einer Mischung aus Kümmel und Thymian. Es gibt auch eine zitronige Variante. Kümmelthymian ist sehr trittfest und gut als Duftrasen geeignet. Am besten auf Trockenmauern oder zwischen Steinplatten pflanzen und bis zum Anwachsen feucht halten. Da er überhängend wächst, eignet er sich auch gut als Balkonpflanze. Die Blätter des Kümmelthymians passen zu Lamm- oder Rinderbraten, deftigen Eintöpfen, zu Kohl und Kartoffeln und zu Schafskäse.

◁ Quendel, Feldthymian *Thymus pulegioides*

Höhe: *15–20 cm* **Blüte:** *purpurrot; Juni bis Juli*
Quendel wächst wild in trockenen, sonnigen Bergregionen in gemäßigten Zonen Europas und Asiens. Er bildet hübsche Blütenpolster, braucht mageren, durchlässigen Boden und ist ideal für Steingärten, Mauern und Duftteppiche. Im Sommer schneidet man blühende Triebe zum Trocknen. Quendel dient als Teekraut bei Erkältungen, Magen-Darm-Problemen und zur Stärkung der Nerven. Er ist nicht so intensiv wie Gartenthymian, aber ein feines Gewürz für Fleischgerichte und Gemüse.

▷ Orangenthymian *Thymus vulgaris* subsp. *fragrantissimus*

Höhe: *20–25 cm* **Blüte:** *hellrosa; Mai bis Juni*
Ein intensives, fruchtiges Aroma, graue, nadelartige Blätter und ein robuster Wuchs sind charakteristische Merkmale des Orangenthymians. Diese Thymianart sieht ähnlich aus wie der mediterrane, wild wachsende Thymian. Pflanzen Sie ihn in mageren, kalkhaltigen Boden in volle Sonne, um den Duft optimal hervorzulocken. Orangenthymian ist sehr empfehlenswert für den Kräutergarten, denn er ist winterfest. Er aromatisiert Teemischungen und Süßspeisen und verleiht ihnen eine intensiv-fruchtige Note. Orangenthymian trocknet schnell. Man kann ihn in Duftsäckchen und Potpourris verwenden.

Zitronig-frische Kräuterdüfte

◁ **Zitronenverbene** *Aloysia triphylla*

Höhe: *80–150 cm* **Blüte:** *weiß; Juli bis August*
Ihr Zitronenduft und ihr gesunder Wuchs macht die Zitronenverbene zur Top-Pflanze im Kräutergarten. Bei uns zieht man den aus Südamerika stammenden Strauch besser als Kübelpflanze. Geben Sie ihm humose, nährstoffreiche Erde und einen Platz an der Sonne. Zum Überwintern stellt man ihn entweder kühl und trocken, dann fällt das Laub ab. Wenn man ihn wärmer stellt und feucht hält, behält er seine Blätter. Im Frühjahr ist ein kräftiger Rückschnitt nötig. Im Sommer können Sie laufend frische Blätter für Tees, Sommerbowlen und Desserts ernten. Zitronenverbene passt auch hervorragend zu Fisch und asiatischen Gerichten. Getrocknete Blätter behalten lange Zeit ihr Aroma.

▷ **Zitronenbasilikum** *Ocimum × citriodorum*

Höhe: *30–40 cm* **Blüte:** *helllila; Juli*
Zitronenbasilikum ist eine attraktive Züchtung aus der Basilikumsippschaft. Es kommt aus Amerika, wo es zur Gewinnung von Zitronenöl angebaut wird. Zitronenbasilikum ist wärmebedürftiger als das normale Basilikum. Man pflanzt es frühestens ab Mitte Mai ins Freie. Die Sorten 'Sweet Dany' oder 'Lime' duften intensiv nach Limone und einem Tick Bergamotte. Frische Blätter geben einem Tee einen Hauch von Earl Grey. Die zitronig-süßen Blätter passen wunderbar zu Speiseeis und Desserts, zu Salaten und zu Fisch- und Hähnchenrezepten.

◁ **Zitronengeranie** *Pelargonium crispum*

Höhe: *50–60 cm* **Blüte:** *rosa; Mai bis Oktober*
Wenn man an ihren Blättern reibt, entweicht reiner Zitronenduft! Bestes Aroma bieten die Sorten 'Queen of Lemon' oder 'Mable Grey'. Pelargonien sind ein Genuss für Nasenmenschen und für Duftbalkone und -terrassen unverzichtbar. Man pflanzt sie am besten in einen Topf mit durchlässiger, nährstoffreicher Erde und gibt im April einen organischen Langzeitdünger. Pelargonien können Jahre überdauern, wenn sie hell, kühl und nahezu trocken überwintert werden. Im Frühling beginnt man langsam wieder zu gießen. Blätter und Blüten eignen sich als Badezusatz und als Gewürz für Süßspeisen und Marmeladen.

◁ **Zitronengras** *Cymbopogon citratus*

Höhe: *80–120 cm* **Blüte:** *blüht bei uns meist nicht*
Zitronengras kommt ursprünglich aus Indien, gedeiht aber in den Sommermonaten auch bei uns prächtig. Voraussetzungen sind ein guter Gartenboden, etwas Dünger und ein warmer, sonniger Standort. Das tropische Gras, das in seiner Stängelbasis besonders viel ätherisches Öl enthält, ist sehr vital und breitet sich in Horsten aus. Man erntet die verdickten Stängel und kocht sie in asiatischen Suppen und Fischgerichten mit. Dazu die unteren 15 cm mit einem Nudelholz quetschen oder mit einem Messer längs aufschneiden. Zitronengrastee besteht meist aus getrockneten Blättern.

▷ **Zitronenblatt** *Citrus hystrix*

Höhe: *80–120 cm* **Blüte:** *weiß; Dezember bis März*
Zitronenblatt, auch Kaffirlimette genannt, stammt aus Südostasien. Auffallend sind die in der Mitte unterteilten Blätter und die dicken gerunzelten Fruchtschalen. Doch der Strauch kommt bei uns selten bis zur Blüte und Fruchtreife. Halten Sie das Zitronenblatt als Topfpflanze in nahrhafter Erde und überwintern Sie es bei 10 °C. Die Blätter schmecken stark-aromatisch und zitronig. Sie können sie mitkochen oder ganz fein geschnitten am Ende der Garzeit hinzufügen, wenn Sie junge, zarte Blätter verwenden. Zitronenblatt gibt asiatischen Suppen, Fisch im Bambustopf und Kreationen aus dem Wok eine kräftige Zitrusnote. Er ist gut kombinierbar mit Ingwer, Zitronengras, Thai-Basilikum und Koriander.

◁ **Zitronenthymian** *Thymus × citriodorus*

Höhe: *15–20 cm* **Blüte:** *helllila; Juni bis Juli*
Zitronenthymian ist eine Kreuzung aus Echtem Thymian und Feldthymian. Es gibt verschiedene Sorten. Typisch ist sein Kissen- und Polsterwuchs. Sehr attraktiv ist 'Golden King' mit gelbbunten oder weiß umrandeten Blättchen. Pflanzen Sie Zitronenthymian an sonniger Stelle in Kies oder Schotter und geben Sie ihm einen Winterschutz. Wenn Sie ihn im Topf kultivieren, können Sie ihn im Haus hell und kühl überwintern. Die Blätter duften herrlich frisch nach Zitrone. Mediterranen Gerichten mit Fisch, Hähnchen, Gemüse und Nachspeisen gibt Zitronenthymian das gewisse Etwas. Auch getrocknet für Duftsäckchen zu verwenden.

Vielfältige Zwiebelschärfe

◁ Knoblauch *Allium sativum*

Höhe: *60–80 cm* **Blüte:** *weiß; Brutzwiebeln Juni bis Juli*
Knoblauch gedeiht in sandigem Lehmboden. Eine kleine Gabe organischer Dünger bekommt ihm gut. Im September steckt man die Zehen etwa 5–10 cm tief und mit ca. 20 cm Abstand. Ernten Sie Knoblauch im Juli, wenn das Laub welkt. Damit die Knollen nicht faulen, sollte man sie trocken lagern oder als Zopf flechten und aufhängen. Roher Knoblauch ist scharf. Meist gart man ihn deshalb in Gerichten mit, dann wird der Geschmack milder. Man verwendet Knoblauch in Pesto, Gremolata, Tzatziki und unzähligen anderen Speisen der mediterranen Küche. Bei Knoblauch »in the jacket« gart man die Zehen mit der Schale, zum Beispiel als Gewürz für Hähnchen.

▷ Schnittlauch *Allium schoenoprasum*

Höhe: *40 cm* **Blüte:** *violett; Mai bis Juni*
Schnittlauch stammt aus den Gebirgsregionen Asiens, bei uns ist er seit dem frühen Mittelalter verbreitet. Er gedeiht auch im Halbschatten gut. In feuchtem, nährstoffreichem Boden mit Kalk und viel Kompost breitet er sich aus und kann durch Teilung vermehrt werden. Die Aussaat ist im April möglich. Man verwendet ihn roh zu Kartoffeln mit Quark, Suppen, Joghurtsaucen, Omelett und vielem mehr. Er gilt als appetitanregend und verdauungsfördernd. Die Blüten passen in Salat und aromatisieren Essig. Im Winter kann man ihn im Haus treiben (→ Seite 90/91).

◁ Etagenzwiebel *Allium × proliferum*

Höhe: *bis 1m* **Blüte:** *keine, nur Brutzwiebeln ab August*
Die Etagenzwiebel bildet statt Blüten und Samen an den Triebspitzen kleine Brutzwiebeln. Diese treiben ihrerseits aus und bilden neue Brutzwiebeln, bis sich auf mehreren Stockwerken Zwiebelnachwuchs tummelt. Das bizarre Gewächs, auch Ewige Zwiebel genannt, stammt aus Sibirien und eroberte vor Jahrhunderten die Bauerngärten. Stecken Sie die Brutzwiebeln ab März in humosen, durchlässigen Boden. Etagenzwiebeln eignen sich auch als Winterkultur unter Folie. Die immergrünen Röhren kann man das ganze Jahr ernten und wie Schnittlauch verwenden. Die Brutzwiebeln schmecken etwas schärfer als gewöhnliche Zwiebeln.

◁ Chinesischer Lauch

Allium ramosum

Höhe: *50–70 cm* **Blüte:** *weiß; Juli*
Der Chinesische Lauch ist mit dem Schnittknoblauch verwandt, aber kräftiger im Wuchs. Er stammt aus den Bergregionen Zentralasiens und ist bei uns winterfest. Aus dem Asialaden kennt man die gebündelten, manchmal gebleichten Stängel mit den Blütenknospen. Ihn anzubauen ist nicht schwer. Pflanzen Sie ihn in einen humosen, durchlässigen Gartenboden. Alle zwei bis drei Jahre sollte man die Staude teilen und verpflanzen. Wenn Sie ihn auf der Fensterbank antreiben, können Sie auch im Winter ernten. Chinesischer Lauch schmeckt fein nach Knoblauch. Alles ist verzehrbar: Lauch, Zwiebeln, Samenkapseln und Blüten. In der asiatischen Küche verwendet man Chinesischen Lauch zu Wokgerichten, Garnelen, Tofu und in Frühlingsrollen.

▷ Schnittknoblauch *Allium tuberosum*

Höhe: *40–50 cm*
Blüte: *weiß, hellrosa; August bis September*
Man nennt den Schnittknoblauch auch »Knoblauch ohne Reue«. Die Blätter schmecken zwar nach Knoblauch, aber der typische Mundgeruch danach bleibt aus. Die Standortansprüche des Schnittknoblauchs sind ähnlich wie die des Schnittlauchs, er ist jedoch weniger wüchsig. Seine Blätter sind nicht röhrenförmig, sondern flach. Schnittknoblauch eignet sich wie Schnittlauch zur Fenstertreiberei oder für den Anbau unter Folie, sodass man ihn auch im Winter ernten kann. Die Doldenblüte, eine Zierde im Spätsommer, besteht aus kleinen, weißen sternchenförmigen Blüten und duftet fein – eine Entdeckung für die sinnliche Blütenküche! Die Blätter verwendet man frisch zu Salat, Omelett und in asiatischen Speisen, wie Sushi und Tofugerichten.

Scharf und pfeffrig

▷ Chili *Capsicum frutescens*

Höhe: *50–80 cm* **Blüte:** *weiß; Mai bis Oktober*

Chili gehört zu den Paprikagewächsen und stammt aus Mittel- und Südamerika. Die Schoten sind klein, rund oder länglich und sehr scharf. Chili braucht einen sonnigen Platz, viel Wärme, einen nährstoffreichen Boden und gleichmäßige Feuchtigkeit. In Kälteperioden sollte man Chili mit einer Folie abdecken. Mehrjährige Arten kultiviert man im Wintergarten bei mindestens 10 °C weiter. Es gibt mittelscharfe bis extrem scharfe Chilis, je nach Gehalt an Capsaicin. Weniger scharf sind die Schoten, wenn man Kerne und Trennwände entfernt. In der mexikanischen, spanischen und asiatischen Küche gibt man Chili an Fleisch, Fisch und Gemüse, in Kräutersaucen und in Marinaden.

◁ Wasserpfeffer *Persicaria hydropiper*

Höhe: *60–80 cm* **Blüte:** *weiß-rosa; August bis September*

Wasserpfeffer kommt in Europa und Asien wild vor. Wegen seiner Pfefferschärfe wird das Knöterichgewächs in der japanischen Küche sehr geschätzt. Auffallend sind die roten Triebe, Stängel und Knospen. Man sät das einjährige Kraut im April direkt ins Beet. Wasserpfeffer braucht einen feuchten Standort in der Sonne oder im Halbschatten. Er gedeiht in humosem Boden oder am Teichrand und verbreitet sich manchmal durch Aussaat. In Japan verwendet man die Blätter zu Sushi und Sashimi. Die Blätter passen auch in Wokgerichte, Salate und Kräuterquark.

▷ Rucola, Salatrauke *Eruca sativa*

Höhe: *20–30 cm* **Blüte:** *weiß; Mai bis August*

Die Salatrauke oder Ölrauke ist ein Küchenkraut, das bereits die Römer kannten. Die einjährige Pflanze gehört wie Blattsenf zu den Kreuzblütlern, die sich durch schnelles Wachstum auszeichnen. Ab April können Sie den Samen direkt ins Beet säen und schon nach vier bis fünf Wochen zarte Blätter ernten. Rucola braucht humosen, mit Kompost versorgten Boden und regelmäßiges Gießen. Er verträgt Sonne wie Halbschatten. In den Wintermonaten kann man ihn auch unter Vlies anbauen. Der Geschmack ist wunderbar aromatisch und pfeffrig-scharf. Rucola würzt Salate, Antipasti, Pizza, Risotto und Tomatengerichte.

◁ Pfefferkraut *Lepidium latifolium*

Höhe: *1m*
Blüte: *weiß; Juni bis Juli*
Pfefferkraut, auch Breitblättrige Kresse genannt, gilt es zu entdecken. Es ist ein altes, in Mitteleuropa und Asien heimisches Küchenkraut mit scharfen, pfeffrigen Blättern. Es ist mit der Gartenkresse verwandt, im Unterschied zu ihr ist es aber mehrjährig und viel wüchsiger. Pfefferkraut wächst in magerem, steinig-sandigem Boden. Trockenheit ist kein Problem. Es breitet sich durch unterirdische Ausläufer aus und bildet dichte Bestände. Verwenden Sie zum Kochen eher die jungen, zarten Blätter. Sie sind ein ideales Gewürz für Kräuterquark und Salat. Ein kräftiger Rückschnitt der Blütenstängel im Sommer fördert den Austrieb neuer, zarter Blätter. Auch die Blüten sind essbar. Sie schmecken süß und scharf und sehen auch in Sommerblumensträußen attraktiv aus.

▷ Japanischer Meerrettich, Wasabi *Wasabia japonica*

Höhe: *50–70 cm* **Blüte:** *weiß; Mai*
Die japanische Wasabistaude ist eine Liebhaberpflanze für alle, die Gerichte mit rohem Fisch wie Sushi und Sashimi lieben. Die Staude stammt aus den kalten Bergregionen Japans. Kultiviert wird nicht die Wildform, sondern die Kultursorte 'Matsum'. Sie liebt es feucht und nährstoffreich. Geben Sie ihr einen schattigen Platz im Garten, Hitze macht ihr zu schaffen. Am besten hält man sie im Kübel. Im Winter stellt man sie in einen frostfreien, kühlen Wintergarten. Trotz der niedrigen Temperaturen treibt sie neue Blätter aus. Man erntet Stängel, Blätter und Wurzelsprosse. In Japan wird daraus die scharfe, grüne Wasabipaste hergestellt, die die Schärfe unseres Meerrettichs noch übertrifft. Die Blätter können Sie auch ganz fein in Salate schneiden. Zum Reiben eignen sich die unteren Stängelabschnitte und die Rhizome, die oft über der Erde wachsen.

Fein-aromatische Blätter zum Genießen

◁ Estragon *Artemisia dracunculus*

Höhe: *bis zu 1m* **Blüte:** *hellgelb; Juli*
In Frankreich ist Estragon ein beliebtes Küchenkraut. Sein Aroma ist vollmundig, ein bisschen süß, doch zugleich bitter und würzig mit einer Note von Anis und Basilikum. Aber nur der französische und der deutsche Estragon haben diese komplexe Aromenmischung, der russische Estragon schmeckt dagegen eher herb. Pflanzen Sie die ausdauernde Staude in nahrhaften, mit Kompost angereicherten, feuchten Boden. Geben Sie ihr in rauen Lagen einen Winterschutz mit Tannenreisig. Estragon eignet sich zum Aromatisieren von Essig und Senf. Besonders gut passt er zu Spargel, hellem Fleisch, Hähnchen, Fisch, Omelette und zu Sauce bérnaise.

▷ Gewürzfenchel *Foeniculum vulgare*

Höhe: *1,5–2 m* **Blüte:** *gelb; Juni bis Juli*
Gewürzfenchel kommt wild in den Mittelmeerländern, Kleinasien und mittlerweile in vielen Gegenden Europas vor. Die Staude wächst in jedem mageren, durchlässigen Boden, sie braucht nur einen sonnigen Platz. Im Frühjahr schneidet man alte Stängel auf Bodenhöhe zurück. Stängel, Blüten und Samen schmecken leicht süß nach Lakritze. In der mediterranen Küche gibt man die Samen ins Brot, an Schweinebraten, in Finocchiona – eine Salami aus Florenz – und an Pasta mit Sardinen, eine Spezialität aus Sizilien. Junge Stängel machen Fischgerichte zu einer Delikatesse.

◁ Dill *Anethum graveolens*

Höhe: *60–80 cm* **Blüte:** *gelb; Juni*
Dill stammt vom östlichen Mittelmeer und aus dem Vorderen Orient. Er braucht guten, humosen Boden und möchte mit den Füßen im Schatten stehen. Eine Mischkultur mit Gurken oder buschigen Nachbarpflanzen ist deshalb ideal. Säen Sie das einjährige Kraut direkt an Ort und Stelle. Empfehlenswert ist die Sorte 'Dill Tetra'. Sie ist sehr ertragreich und standfest. Verwenden Sie die Blätter frisch, beim Trocknen verlieren sie ihr Aroma. Man verwendet Blätter und Blüten zum Aromatisieren von Essig, Einlegen von Gurken und an Gurkensalat. Dill ist auch ein feines Fischgewürz und unverzichtbarer Bestandteil im Graved Lachs.

◁ **Lorbeer** *Laurus nobilis*

Höhe: *bis 2 m* **Blüte:** *gelb; April*
Lorbeer ist ein robuster Strauch, der über Winter frostfrei und hell stehen möchte. Am besten halten Sie Lorbeer deshalb im Kübel. Nur in mildem Weinbauklima kann man ihn an eine geschützte, trockene Stelle im Garten auspflanzen, er braucht aber auch hier Winterschutz. Lorbeer mag mineralischen, durchlässigen Boden und volle Sonne. Er ist sehr schnittverträglich. Blätter, die man direkt vom Strauch erntet, schmecken gehaltvoller als getrocknete Ware. Das komplexe Aroma des Lorbeers entfaltet sich am besten, wenn man die Blätter mitkocht, etwa als Bouquet garni mit Thymian und Petersilie in Fleischgerichten, in Eintöpfen oder zu Tomaten. Auch Kräuteressig erhält mit Lorbeer eine feinwürzige Note.

▷ **Koriander** *Coriandrum sativum*

Höhe: *60 cm* **Blüte:** *weiß, leicht rosa; Juni bis Juli*
Korianderkraut mag man oder man mag es nicht. Sein eigenwilliger Geschmack ist für viele Fischgerichte und asiatische Speisen unverzichtbar. Koriander ist einjährig und gedeiht in feuchtem, humusreichem Boden. Säen Sie ihn ab Mai direkt an Ort und Stelle aus. Da er bald in Blüte geht, säen Sie am besten im Abstand von drei bis vier Wochen noch einmal nach. Ein Balkonkasten oder ein Topf am Fenster reichen schon aus. Es lohnt sich auch, Koriander blühen und ausreifen zu lassen, dann erhalten Sie Saatgut für das nächste Jahr. Ernten Sie den Samen, bevor er ganz ausgereift ist, sonst fällt er aus. Auf Zeitungspapier ausbreiten, nachreifen und trocknen lassen. Verwendet werden Stängel, Blätter, grüne und reife Samen und in Asien auch die Wurzel. Korianderkraut passt gut zu Fisch und Meeresfrüchten und asiatischen Wokgerichten. Man verwendet ihn sparsam. Für exotische Geschmacksrichtungen kombinieren Sie ihn mit anderen starken Aromen wie Majoran, Thai-Basilikum, Ingwer, Knoblauch und Zitrone. Ganz anders als die grünen Pflanzenteile schmecken die Samen. Sie sind würzig, etwas süßlich und werden für Brot und Backwaren verwendet.

Fein-aromatische Blätter zum Genießen

▷ Rotblättriges Basilikum *Ocimum basilicum* 'Dark Opal'

Höhe: *bis 60 cm* **Blüte:** *rosa; Juli*

Weitere Basilikumsorten warten auf ihre Entdeckung: Beispiele sind die rotblättrigen Sorten 'Dark Opal', 'Purple Delight' oder 'Rubin'. Alle sind ein Hingucker im Balkonkasten und im Beet. Sie gehören zu den wärmebedürftigen Basilikumsorten und brauchen einen geschützten, sonnigen Platz. Gepflanzt wird nicht zu dicht Mitte Mai in humose, nährstoffreiche Erde. Rotes Basilikum eignet sich für Salate und Süßspeisen. Sein Aroma ist nelkenartig und leicht scharf. Essig, den man damit aromatisiert, verfärbt sich rosa.

◁ Genoveser Basilikum

Ocimum basilicum

Höhe: *40 cm* **Blüte:** *weiß; Juli*

Genueser Basilikum ist die bei uns bekannteste Basilikumsorte. Sie überzeugt mit feurig-pfeffrigem Aroma und mit einem Hauch von Nelke. Das einjährige Küchenkraut wird im April auf der Fensterbank ausgesät. Wichtig: Man darf den Samen nicht mit Erde bedecken. Er keimt ab einer Temperatur von 18 °C. Später vereinzelt man die Pflänzchen und setzt sie an einem sonnigen Platz in humose, feuchte Erde. Zum Ernten knipst man am besten die Spitzentriebe ab, dann wächst Basilikum buschig. Verwenden Sie Basilikum zu Antipasti, in Tomatensaucen, Pesto, Ratatouille, Suppen, an Fleisch und, und, und ... Geben Sie die Blätter aber immer erst am Schluss dazu, damit das Aroma erhalten bleibt.

▷ Griechisches Buschbasilikum

Ocimum minimum

Höhe: *30 cm* **Blüte:** *weiß; August*

Im ganzen Mittelmeergebiet trifft man auf das kleinblättrige Buschbasilikum. Es wächst kompakt und kugelrund und ist eine echte Zierde für den Balkon. Es treibt erst sehr spät seine Blüten und behält auch ohne Schnitt seine hübsche Form. Kultiviert wird es wie die anderen Basilikumsorten. Es mag warmen, nahrhaften Boden und viel Sonne. Buschbasilikum eignet sich für den Duftbalkon oder als dekorativer Topf vorm Fenster. Dort hilft es, Insekten zu vertreiben. Natürlich verwendet man seine intensiv-aromatischen Blättchen auch in der Küche.

◁ Kerbel

Anthriscus cerefolium var. *cerefolium*

Höhe: *40–50 cm* **Blüte:** *weiß; Juni*
Kerbel stammt aus Südeuropa und Vorderasien und kam durch die Römer zu uns. Er ist mit Petersilie verwandt. Der anisartige, würzig-süße Geschmack unterscheidet ihn aber deutlich von der Petersilie. Säen Sie das einjährige Kraut Anfang April direkt ins Beet oder in den Balkonkasten. Kerbel mag gute, humose Erde und einen Platz im Halbschatten. Um den Sommer über junge zarte Kerbelblätter ernten zu können, bringen Sie am besten alle drei bis vier Wochen neuen Samen aus, denn Kerbel geht schnell in Blüte. Kerbel ist ein beliebtes Gourmetkraut. In der französischen Küche gehört er zu den Fines herbes, den feinen Würzkräutern für Omeletts, Suppen und helle Saucen. Bei uns ist er Bestandteil der berühmten Frankfurter Grünen Sauce.

▷ Basilikum 'African Blue'

Ocimum kilimandscharicum × basilicum

Höhe: *50 cm* **Blüte:** *rosa; Juni bis September*
'African Blue' ist eine Kreuzung aus rotem Basilikum und Kampferbasilikum. Mit seinen purpurfarbenen Blattadern und Stängeln und den rosa Blüten ist dieses mehrjährige, robuste Strauchbasilikum eine Attraktion im Kräutergarten. Steht es im Winter bei 15–18 °C an einem hellen Küchenfenster, kann man lange die aromatischen Blätter ernten. Im Frühjahr verjüngt man die Staude durch Stecklinge. Ab Mai kann man die Pflanzen ins Freie setzen. Wie alle Basilikumsorten braucht auch diese viel Sonne und nährstoffreichen Boden. Das Aroma von 'African Blue' geht in Richtung Pfeffer, Nelken, Minze und etwas Kampfer. Durch seine spezielle Note ist es besonders für asiatische Speisen geeignet. Probieren Sie die Blätter auch als Tee – beim Aufgießen färbt sich dieser blau.

Für die asiatische Kräuterküche

▷ Thai-Basilikum *Ocimum basilicum* 'Horapha'

Höhe: *50 cm* **Blüte:** *purpur; Juli bis September*
Asiatische Basilikumarten sind anders. Das Aroma des Thai-Basilikums, auch »Bai Horapha« genannt, unterscheidet sich mit seinen Duftnoten von Anis und Kampfer deutlich von denen der mediterranen Sorten. Die Züchtung 'Siam Queen' hat rötliche Stängel und purpurne Blüten und wächst erstaunlich robust und buschig – ein Basilikum selbst für verregnete Sommer. Ziehen Sie Thai-Basilikum am Fenster vor oder kaufen Sie es als Pflanze und setzten Sie sie ab Mai ins Freie. In der thailändischen Küche ist Bai Horapha unentbehrlich. Es wird zu Curry, Suppen und Wokgerichten verwendet und passt zusammen mit Ingwer, Koriander und Kokosmilch zu Huhn, Fisch und Meeresfrüchten.

◁ Chinesischer Senf *Brassica juncea*

Höhe: *50–60 cm* **Blüte:** *gelb; Juni bis September*
Chinesischer Senf gehört zu den schnellwüchsigen Asiasalaten, die man im zarten Blattstadium erntet. Daher der Name »Baby-Leaf«. Sein würzig-scharfes Aroma geht auf die darin enthaltenen Senföle zurück. Säen Sie ihn wie Pflücksalat in Reihen, zusammen mit Pak Choi, Mizuna oder Rucola. Blattsenf verträgt leichten Frost und wird von März bis September angebaut. Folgesaaten ermöglichen eine lange Ernte. Im Winter deckt man ihn mit Vlies ab. Verwenden Sie die Blätter zu Salaten oder garen Sie sie kurz im Wok mit.

▷ Shiso *Perilla frutescens*

Höhe: *60–80 cm* **Blüte:** *weiß, rötlich; ab September*
Shiso ist in der japanischen Küche unverzichtbar. Die Blätter schmecken kräftig, sehr aromatisch und irgendwie exotisch. Die Pflanzen wachsen in durchlässigem, mit Kompost angereichertem Boden an einem sonnigen Standort. Shiso wird bei uns einjährig kultiviert und ab Mai aus Samen gezogen. Die grünen und bronzefarbenen Sorten sind zarter und schmackhafter als die roten. In Japan verwendet man die Blätter für Sushi und Sashimi, in Soja-Dips, Fischsaucen und zum Einlegen der Umeboshi-Pflaumen. Lecker schmecken darin eingewickelte, über Dampf gegarte Lachsfilets. Gut auch zu Salat, Zucchini, in Tomatensauce oder zu Huhn.

▷ Japanische Petersilie, Mitsuba *Cryptotaenia japonica*

Höhe: *40–50 cm* **Blüte:** *weiß; Juli*

Das Typische an Mitsuba oder Japanischer Petersilie sind die dreigeteilten, leicht glänzenden Blätter. Es gibt grüne und rötliche Sorten. Die Waldpflanze aus den kühlen Regionen Japans wächst bei uns im Halbschatten in nährstoffreichem Boden. In milden Gegenden kommt sie gut über den Winter und sät sich aus. Die mild-aromatischen Blätter schmecken nicht nach Petersilie, sondern eher ein bisschen wie Sellerie. In Japan verwendet man Stängel und Blätter roh oder gedünstet in der Misosuppe oder zu Tempura. Verwenden Sie zarte Blätter und fügen Sie sie bei Wokgerichten ganz zum Schluss dazu. Zu starkes Erhitzen macht sie bitter.

◁ Vietnamesischer Koriander *Persicaria odorata*

Höhe: *30–40 cm* **Blüte:** *hellrosa; August*

Ein ausdauerndes Knöterichgewächs aus Asien, auch »Rau Ram« genannt. Es schmeckt ähnlich wie Koriander, mit einer zitronigen Note. Pflanzen Sie Vietnamesischen Koriander in feuchte, humose und durchlässige Erde und gießen Sie ihn regelmäßig, dann wächst er rasant. Stecklinge bewurzeln sich rasch, wenn sie mit Erde in Berührung kommen. Überwinterung am Küchenfenster ermöglicht ganzjähriges Ernten. In Indonesien gibt man das Kraut in Fischsuppe mit Kokosmilch und Garnelen. Es passt auch zu Huhn, Gemüse aus dem Wok und Schweinefleisch. Sparsam verwenden. Im Gegensatz zu Koriander kann man es leicht mitgaren.

▷ Japanischer Ingwer, Myoga *Zingiber mioga*

Höhe: *80 cm* **Blüte:** *weiß; September*

Eine Entdeckung ist Myoga-Ingwer, ein Verwandter des Ingwers. Er stammt aus den kühlen Regionen Japans und Chinas und übersteht unsere Winter unter einer dicken Laubabdeckung. Die Staude wächst vital und breitet sich durch Rhizome aus. Man pflanzt die Wurzelstücke 20 cm tief. Im dritten Jahr erscheinen im Spätsommer daumendicke Blütenknospen direkt über dem Boden. Sie sind knackig und haben einen zarten Geschmack zwischen Ingwer und Schnittlauch. In Japan verwendet man die Blütensprosse klein geschnitten zu Tofu, in Salaten und Sojasauce oder in der Misosuppe – nicht mitkochen! Auch gut im Kräuterquark oder aufs Butterbrot.

Delikate Kräuter für Tees und Drinks

◁ Gold-Zitronenmelisse *Melissa officinalis* 'Aurea'

Höhe: *60–80 cm* **Blüte:** *weiß; Juli*
Zitronenmelisse stammt aus dem östlichen Mittelmeerraum. Das altbekannte und unverwüstliche Gartenkraut ist auch bei uns völlig winterhart. Die Sorte 'Aurea' hat schöne goldgelbe Blätter. Sie kommt mit jedem Boden zurecht. Man kann die Pflanze durch Wurzelteilung vermehren. Zitronenmelisse ist sehr wüchsig. Wenn sie eingewachsen ist, breitet sie sich im Garten kräftig aus. Ein Rückschnitt im Sommer und im Frühjahr vor dem Austrieb fördert den Wuchs. Der Tee aus frischen Blättern schmeckt mild-zitronig. Getrocknet verblasst das Aroma ein bisschen. Fein geschnitten aromatisiert Zitronenmelisse Salate und Desserts.

▷ Kreta-Melisse *Melissa officinalis* subsp. *altissimia*

Höhe: *60–80 cm* **Blüte:** *weiß; Juli*
Eine Melissenart, die aus den Bergregionen Kretas stammt. Im Unterschied zur Zitronenmelisse hat sie fein behaarte Blätter. Sie gehört zu den Lippenblütlern, die alle von Hummeln und Bienen gerne besucht werden, ist robust und winterhart. Wenn die Kreta-Melisse einmal Fuß gefasst hat, breitet sie sich gern aus. Ein bodennaher Rückschnitt nach der Blüte und vor dem Austrieb im Frühjahr fördert den Wuchs. Der Geschmack ist leicht zitronig und apart. Kreta-Melisse schmeckt köstlich in Teemischungen mit Minze und Zitronenverbene.

◁ Weiße Melisse *Nepeta cataria* subsp. *citriodora*

Höhe: *40–50 cm* **Blüte:** *weiß; Juli*
Eine Staude, die in alten Bauerngärten kultiviert wurde. Weiße Melisse gehört zu den Katzenminzen. Ihre Blätter sind etwas größer und duften fein-aromatisch nach Zitrone, Minze und Rose. Eine Entdeckung für den Kräutergarten! Pflanzen Sie Weiße Melisse in humosen Boden, geben Sie ihr etwas Kompost und sorgen Sie am Anfang für ausreichend Feuchtigkeit. Weiße Melisse ist eine hervorragende Duft- und Teepflanze und so intensiv, dass nur wenige Blätter zum Aromatisieren genügen. Eine Köstlichkeit ist ein Sommertee aus frischer Zitronenverbene, Weißer Melisse, Kretischer Melisse und Orangenminze.

◁ Zitronenmonarde *Monarda citriodora*

Höhe: *80–100 cm* **Blüte:** *rosa-purpur; Juli bis Oktober*
Die Monarde, auch Indianernessel genannt, stammt aus Nordamerika. Ihre Blätter und Blüten duften fein nach Zitrone und Bergamotte. Monarden sind Präriepflanzen und wachsen in jedem Gartenboden. Ein bisschen Kompost und etwas organischer Dünger schaden aber nicht. Halten Sie die Jungpflanzen feucht, später kommen sie allein zurecht. Monarden sind ausdauernd und winterfest. Man verlängert ihre Lebensdauer, wenn man sie alle zwei bis drei Jahre verpflanzt. Am besten wirkt die attraktive Staude in Gruppen. Im Frühjahr schneidet man die welken Stängel ab. Blätter und Blüten sind lecker in Teemischungen, Salaten und Desserts.

▷ Anis-Ysop *Agastache foeniculum*

Höhe: *80 cm* **Blüte:** *blau-violett; Juni bis August*
Agastachen oder Duftnesseln sind für naturnahe Kräutergärten sehr zu empfehlen. Ihre attraktiven Blüten bieten Schmetterlingen Nahrung. Nach einem Rückschnitt blühen sie oft ein zweites Mal. Agastachen mögen durchlässigen, nährstoffreichen Boden in voller Sonne. Geben Sie reichlich Kompost. Die Blätter duften nach Anis, Fenchel und Lakritze. Man verwendet sie zum Verfeinern von Fischgerichten, für Desserts, Tees und Sommerdrinks. Die Blätter sind auch getrocknet lange Zeit aromatisch.

◁ Balsamstrauch *Cedronella canarensis*

Höhe: *100–150 cm* **Blüte:** *rosa-violett; Juli bis Oktober*
Aromatische Teepflanze von den Kanarischen Inseln. Die kräftigen, gesunden Blättern schmecken nach Lakritze. Die Staude ist sehr wüchsig, sie wächst strauchartig verzweigt und produziert den ganzen Sommer über Blätter und Blüten. Sie braucht einen geschützten Standort und einen gleichmäßig feuchten, nährstoffreichen Boden. Halten Sie den Balsamstrauch am besten im Topf und düngen Sie ihn mit einem Langzeitdünger. Vor dem Frost ins Haus bringen und bei etwa 10 °C überwintern. Im Frühjahr schneidet man die Pflanze kräftig zurück. Ein Kräutertee mit Balsamstrauch regt den Kreislauf an.

Bitter-herbe Aromen

▷ Provence-Wermut *Artemisia gallica*

Höhe: *40–60 cm* **Blüte:** *gelbgrün; Juli bis September*
Der Gallische Wermut oder Provence-Wermut ist ein kleiner Halbstrauch aus dem Mittelmeerraum. Mit seinem kompakten Wuchs und den silbergrauen, filigranen Blättern ist er sehr empfehlenswert für Steingärten, Kräuterspiralen oder für die Kultur in Töpfen. Er liebt einen trockenen, durchlässigen Boden und vollsonnige Lage. In Gefäßen kultiviert man ihn in mit Sand und Splitt abgemagerter Blumenerde. Das Aroma des Provence-Wermuts ist intensiv, warm und herbfruchtig. Er ist Bestandteil vieler Kräuterliköre.

◁ Wermut *Artemisia absinthium*

Höhe: *100–120 cm* **Blüte:** *hellgelb; Juni bis August*
Wermut ist ein trockenheitsrestistenter, frostharter Halbstrauch mit silbrigen, gefiederten Blättern. Er bildet mit den Jahren einen holzigen Stamm. Wermut braucht viel Platz und verträgt sich nicht gut mit anderen Kräutern. Pflanzen Sie ihn mit ausreichend Abstand. Er gedeiht gut in sandig-kiesigem Boden. Wermut schneidet man im Frühjahr und nach der Blüte stark zurück. Aus Wermut und anderen Kräutern stellt man Aperitifweine her. Ein Tee aus wenigen Blättern hilft bei Verdauungsbeschwerden. Wermuttee sollte man wegen des Thujongehalts aber nicht in der Schwangerschaft und nicht in großen Mengen trinken. Wermutblätter setzt man auch zur Abwehr von Insekten und Mäusen ein.

▷ Römischer Wermut, Pontischer Beifuß
Artemisia pontica

Höhe: *40–60 cm* **Blüte:** *hellgelb; Juli bis August*
Wer nicht viel Platz hat, pflanzt Römischen Wermut. Er wächst zierlicher als der echte Wermut. Der Zwergstrauch stammt aus Mittel- und Osteuropa, wurde in der Antike als Heilkraut verwendet und im Mittelalter in Burggärten angebaut. Sein graziles, silbergraues Laub ist eine Zierde im mediterranen Garten. Pflanzen Sie ihn in Kies- oder Schotterbeete an eine vollsonnige Stelle. Die Blätter haben ein feines, mildes Aroma und enthalten weniger Thujon als Wermut. Römischer Wermut ist deshalb gut als Verdauungstee und für Kräuterliköre geeignet.

▷ Weinraute *Ruta graveolens*

Höhe: *80 cm* **Blüte:** *gelb; Juni bis Juli*
Weinraute wurde einst in den Klostergärten angebaut. Der mediterrane Halbstrauch mit kleinen, blaugrünen Blättern mit vielen Öldrüsen und hübschen gelben Blüten ist eine Zierde für Kräutergärten im Bauerngartenstil. Das mediterrane Kraut wächst am besten in kalkigem, magerem Boden in voller Sonne. Hier entwickelt es am meisten ätherische Öle. Verwenden Sie Weinraute in der Küche sparsam, in großen Mengen wirkt sie toxisch. Zusammen mit anderen Kräutern wie Fenchel, Minze, Melisse schmeckt sie fein-aromatisch im Tee und Kräuterlikör. Vorsicht: Bei Sonnenschein kann die Pflanze bei Berührung allergische Hautreaktionen auslösen.

◁ Ysop *Hyssopus officinalis*

Höhe: *50 cm* **Blüte:** *tiefblau, violett; Juli bis August*
Seit Hildegard von Bingen wächst Ysop in Kloster- und Bauerngärten. Der Halbstrauch stammt aus Südeuropa und Vorderasien und überzeugt durch leuchtend tiefblaue oder rosa Blüten. Aussaat in Saatschalen oder später direkt ins Freiland möglich. Ysop braucht lockeren, sandigen Boden und einen luftigen Platz im Steingarten oder auf der Kräuterspirale. Im ersten Winter abdecken. Ein Rückschnitt im Frühjahr und nach der Blüte stärkt die Pflanze. Ein Tee aus den bitteren Blättern hilft bei Magen-Darm-Beschwerden und bei Husten. Die zarten Blätter sind eine verdauungsfördernde Würze für Eintöpfe und Fleischgerichte.

▷ Echter Gamander *Teucrium chamaedrys*

Höhe: *20–30 cm* **Blüte:** *rosa; Juli bis August*
Gamander ist in den Gebirgsregionen Mitteleuropas zu Hause. Mich erstaunt immer wieder, wie viel Trockenheit er verträgt. Der unkomplizierte, niedrige Halbstrauch ist äußerst genügsam und passt ausgezeichnet in den naturnahen Kräutergarten und auf Steinmauern. Seine Lippenblüten bieten Nektar für Mauerbienen, Schwebfliegen und Hummeln. Da er sehr schnittverträglich ist, können Sie ihn auch als Einfassungspflanze verwenden. Im antiken Griechenland empfahl ihn Dioskurides bei Husten und Asthma. Die Bitterstoffe in den Blättern fördern auch die Verdauung. Am besten nur sparsam verwenden.

Mit erfrischendem Minzegeschmack

▷ Marokkanische Minze *Mentha spicata* var. *crispa* 'Marokko'

Höhe: *40–60 cm* **Blüte:** *helllila; Juli bis August*
Die Marrokanische Minze ist ein Abkömmling der Ährigen oder Grünen Minze. Sie enthält nur wenig Menthol. Wegen ihres würzigen Aromas und ihrer vielseitigen Verwendung als Tee- und Küchenkraut ist sie eine der beliebtesten Minzen. In einem humusreichen, feuchten Gartenboden in Sonne und Halbschatten wächst sie hervorragend und bildet Ausläufer. Am meisten Aromen enthalten die Blätter kurz vor der Blüte. In Marokko bereitet man das Nationalgetränk Nana aus Minzenblättern und Grünem Tee zu, in den anderen arabischen Ländern nimmt man Schwarztee dafür. Probieren Sie diese Minze auch zu Desserts wie Erdbeeren mit Joghurt, Obstsalat oder Eis.

◁ Mentuccia-Minze *Mentha species* 'Mentuccia'

Höhe: *40–50 cm* **Blüte:** *lila; Juli bis August*
Mentuccia-Minze ist ein Würzkraut mit ganz eigenem Geschmack. Sein Aroma geht in Richtung Kreuzkümmel, Minze und ein bisschen Kampfer. Wie alle Minzen mag sie humosen, nahrhaften Gartenboden. Alle zwei bis drei Jahre sollte man sie verpflanzen. In der italienischen Küche verwendet man gern Mentuccia-Minze. Oft bezeichnet man mit Mentuccia auch die Minzen allgemein. Verwenden Sie die Blätter mit dem ungewöhnlichen Aroma sparsam. Am besten sind zarte, junge Mentuccia-Blätter. Sie passen zu italienischen Pastagerichten mit Gemüse oder Meeresfrüchten und zu Artischocken alla Romana.

▷ Türkische Minze, Nane *Mentha spicata* var. *crispa* 'Nane'

Höhe: *40–60 cm* **Blüte:** *zartlila; Juli bis August*
Typisch für die Nane-Minze sind die gekrausten, dunkelgrünen Blätter. Pflanzen Sie sie in sandigen Lehm und geben Sie eine Schaufel Kompost dazu. Ein neuer Standort alle zwei bis drei Jahre fördert die Vitalität. Dazu gräbt man Wurzelausläufer aus, schneidet sie ab und setzt sie in frische Erde. Türkische Minze enthält wenig Menthol, ist aromatisch und würzig. Man würzt damit Lamm, Hackfleischbällchen, Bohnen, Linsen und vieles mehr. Schmeckt gut in Joghurtsaucen und als erfrischendes Sommergetränk (Ayran).

▷ Orangenminze
Mentha × *piperita* 'Orange'

Höhe: *30–40 cm*
Blüte: *zartlila; Juli bis August*
Orangenminze ist eine sehr feine, fruchtige Variante der Pfefferminze mit rot überhauchten Blättern und Stängeln. Ihre Blätter enthalten weniger Menthol als die klassischen Pfefferminzen und duften wunderbar nach Bergamotte, Orangen und Zitronen. Die zierliche und hübsche Minze ist eine Entdeckung für den Duft- und Aromagarten. Wie alle Minzen braucht sie feuchten, humosen, sandigen Lehmboden und gedeiht auch gut im Balkonkasten. Verwenden Sie die aromatischen Blätter für Salate, Desserts, Obstsalat und in sommerlich-frischen Bowlen. Sehr apart ist eine Mischung aus Schwarztee und Orangenminze – der Tee schmeckt wie Earl Grey. Ein fruchtiges Kräutergetränk ist folgendes Rezept: Man bindet Stängel von Orangenminze, Zitronenverbene, Melisse oder Holunderblüten mit einem Bindfaden zusammen und hängt sie kopfüber in einen Krug mit Apfelsaft. Das ganze etwa zwei Stunden ziehen lassen und beim Servieren Mineralwasser dazufügen.

◁ Thüringer Minze *Mentha* × *piperita* 'Multimentha'

Höhe: *60–80 cm* **Blüte:** *zartlila; Juli bis August*
Die mentholhaltige Thüringer Minze wurde als Ersatz für die klassische, englische 'Mitcham' gezüchtet, die sehr rostanfällig ist. Unter den Mentholpfefferminzen sind auch die Züchtungen der Bayerischen Landesanstalt für Bodenkultur und Pflanzenbau, die BLBP-Minzen, zu empfehlen. Die Sorten 'Agnes' und 'Pluto' zeichnen sich durch kräftiges, dunkles Laub, Vitalität und höchsten Gehalt an ätherischen Ölen aus. Sie sind unempfindlich gegenüber Rost und Mehltau. Wie alle Minzen mögen sie frischen Lehmboden mit Kompost. Ein regelmäßiger Schnitt fördert den Wuchs. Mentholminzen haben eine kühlende Wirkung. Sie eignen sich gut als Sirup oder als Tee. Bei Kopfschmerzen kann man mit einem Blatt die Schläfen massieren.

Mit erfrischendem Minzegeschmack

◁ Korsische Minze *Mentha requienii*

Höhe: *2–5 cm*
Blüte: *hellrosa; Juli bis August*
Eine flachwachsende Polsterminze, die in Korsika wild vorkommt. Sie hat winzige, rundliche Blätter, die fein nach Minze duften, und hübsche Blüten. Die Pflanze liebt einen halbschattigen Standort zwischen Steinplatten. Wo es ihr gefällt, sät sie sich gerne aus. Korsische Minze ist nur bedingt winterhart. Deshalb sollte man sie im Winter mit Reisig abdecken oder im Herbst eintopfen und im Haus überwintern. In einem Stein- oder Keramikgefäß ist sie eine Zierde auf dem Schattenbalkon, wo sonst nicht viele Kräuter gedeihen. Sie können Blätter und Blüten für Tee, Minzlikör und für Potpourris verwenden. Eine frostharte Alternative ist die polsterwüchsige Poleiminze. Sie ist jedoch giftig und wurde früher als Mittel gegen Insekten verwendet.

▷ Bergminze, Steinquendel *Calamintha nepeta*

Höhe: *40–50 cm* **Blüte:** *weiß, hellviolett; Juni bis Juli und September bis Oktober*
Blüten ohne Ende und ein starker Minze-Duft – das ist das Markenzeichen der Bergminze, ein Kraut wie geschaffen für den Steingarten. Botanisch gehört die Bergminze nicht zu den Minzen, deshalb wuchert sie auch nicht, verbreitet sich aber durch Selbstaussaat. Calaminthen gedeihen in Sonne und Halbschatten. Sie sind sehr trockenheitsverträglich und wachsen in jedem Gartenboden. Ein Rückschnitt der verwelkten Stängel fördert eine zweite Blüte im September – oft bis weit in den Oktober hinein –, weshalb ich Calaminthe für den herbstlichen Kräutergarten nur empfehlen kann. Getrocknet ist der Duft lange haltbar. Um Insekten zu vertreiben, bindet man Bergminze mit Lavendel und Eberraute zu Trockensträußen oder füllt sie in Wäschesäckchen. Frische Calaminthenzweige passen außerdem gut in jeden Blumenstrauß.

◁ Römische Minze, Hadriansminze

Calamintha species 'Hadrian'

Höhe: *60–80 cm* **Blüte:** *hellrosa; Juli bis August*
Die Römische Minze gehört zu den Bergminzen. In Italien kommt sie wild vor und ist bei uns winterhart. Sie gedeiht in sonniger, warmer Lage in durchlässigem, magerem Boden und hat ein starkes, etwas strenges Minzearoma. Verwenden Sie deshalb nur die jungen, zarten Blätter zum Kochen oder für Tee. In Italien ist sie ein beliebtes Gewürz für Auberginen, Zucchini, Lamm und Kalbfleisch.

▷ Katzenminze *Nepeta × faassenii*

Höhe: *50–100 cm* **Blüte:** *blau; Juni bis September*
Eine Zuchtform der Echten Katzenminze, die in Südeuropa und Vorderasien beheimatet ist. Mit ihren leuchtend blauen Blütenrispen taucht sie den Garten im Frühsommer in ein blaues Blütenmeer. Es gibt niedrige und höhere Sorten. Katzenminze ist anspruchslos, trockenheitsverträglich und wächst in jedem Boden, braucht aber volle Sonne. Zur Verjüngung teilt man die Staude alle zwei bis drei Jahre und verpflanzt sie. Schneidet man welke Blütenstiele zurück, erfolgt eine zweite Blüte im September. Sie können die aromatischen Blätter trocknen und im Potpourri verwenden.

◁ Koreanische Minze *Agastache rugosa*

Höhe: *80 cm* **Blüte:** *blau-violett,weiß; Juli bis September*
Eine aus Asien stammende, winterharte Agastache. Die Blätter duften intensiv nach Minze und etwas Anis. Während Minzen im Garten wuchern, wächst Koreanische Minze kompakt. Empfehlenswert sind 'Korean Zest' mit blauen Blüten oder die weiß blühende, sehr robuste 'Albiflora'. Agastachen brauchen einen vollsonnigen Standort und gut durchlässigen, humosen Boden. Jungpflanzen setzt man direkt ins Beet oder man sät Samen im April in Saatschalen aus. Die Pflanzen blühen noch im selben Jahr. Säen Sie nach drei bis vier Jahren neu aus, Koreanische Minze ist nicht sehr langlebig. Aus den aromatischen Blättern bereitet man einen aparten Tee zu.

Für die kreative Blütenküche

▷ Orangeblütige Agastache *Agastache aurantiaca*

Höhe: *50–80 cm* **Blüte:** *orange; August bis Oktober*
Dies ist eine besonders schöne Form der aus Nordamerika stammenden Agastachen mit großen orangefarbenen Lippenblüten im Spätsommer und Herbst. Blätter und Blüten haben ein zartes Minzearoma. Die Staude wächst ausladend und strauchig. Sie ist etwas frostempfindlich, deshalb sollte man sie bei uns besser als Kübelpflanze ziehen. Außerdem verträgt sie keine Staunässe. Füllen Sie deshalb eine Dränageschicht aus Ziegelsplitt in den Topf und mischen Sie die Erde mit Blähton. Die hübschen, aromatischen Blüten eignen sich für Desserts, Obstsalat und Tee. Auch zu Salat oder in Kräuteressig sehen sie äußerst dekorativ aus.

◁ Gewürztagetes *Tagetes tenuifolia*

Höhe: *20–30 cm* **Blüte:** *gelb, orange; Juni bis Oktober*
Vergessen Sie die unangenehm riechende Gartentagetes und entdecken Sie die nach Orangen und Zitronen duftende Gewürztagetes! Die Pflanze aus Mexiko sieht im Topf oder neben silbergrauen Pflanzen im Kräuterbeet gut aus. Tagetes ist einjährig und wird im April auf der Fensterbank vorgezogen. Mitte Mai pflanzt man sie ins Freie. Kneifen Sie die ersten Blüten aus, dann wächst sie schön kompakt. Sie können zwischen 'Orange Gem', 'Red Gem' und anderen Sorten wählen. Blüten und zarte Triebspitzen verwendet man für Salate, Desserts und Getränke.

▷ Borretsch *Borago officinalis*

Höhe: *60–80 cm* **Blüte:** *himmelblau; Juni bis September*
Borretsch ist eine anspruchslose einjährige Pflanze mit behaarten Blättern und Stängeln sowie himmelblauen Sternenblüten. Man sät ihn von April bis Juni in humosen, feuchten Gartenboden und vereinzelt ihn später auf 50 cm. In den nächsten Jahren sät er sich selbst aus. Man verwendet frische Blätter, deren Blattrippen man entfernt und die man sehr klein schneidet. Borretsch passt zu grünen Salaten, Kartoffelsalat und Kräuterquark oder mitgedünstet in Spinat. Die Blüten zieren Salate, Desserts und Drinks. Man kann sie in Eiswürfeln einfrieren oder kandieren.

▷ Safran *Crocus sativus*

Höhe: *20–30 cm*
Blüte: *lila, lange, rote Staubfäden; September bis Oktober*
Das Hauptanbaugebiet für Safran in Europa befindet sich in Spanien, La Mancha. Safran selbst im Garten anzubauen, ist eher Liebhaberei als Selbstversorgung. Denn für ein Gramm trockenen Safran braucht man ca. 150 Staubfäden. Safran gedeiht am besten an einer geschützten, warmen Stelle, beispielsweise auf der Kräuterspirale. Mildes Weinbauklima ist vorteilhaft. Er braucht im Sommer Trockenheit. Magern Sie den Boden vor dem Pflanzen mit Kies und Splitt ab. Geerntet werden die Staubfäden im Herbst, wenn die Blüte voll erblüht ist. Safran färbt und würzt Reisgerichte wie Paella oder asiatische Gerichte mit Kokosmilch. In manchen Gegenden trinkt man Safran gerne gemischt mit Schwarztee. Safran wirkt geschmacksverstärkend und stimmungsaufhellend. Kaufen Sie Safran als ganze Narbenfäden, sie sind am intensivsten und sicher echt. Wird Ihnen billiger Safran angeboten, ist es meist Färbersaflor.

◁ Ringelblume *Calendula officinalis*

Höhe: *30–50 cm* **Blüte:** *gelb, orange; Juni bis Oktober*
Ringelblumen sind farbenfrohe, unkomplizierte Bauerngartenpflanzen, die eine Bereicherung für Kräuterbeete, Gemüsegärten oder Blumenbeete sind. Schon im März können Sie den Samen säen. Verpflanzen Sie die Sämlinge auf 30 cm Abstand, dann entwickeln sie sich schöner. In den Folgejahren säen sich Ringelblumen von allein aus. Schneiden Sie die verblühten Stängel zurück, dann blüht und treiben sie bis zum Frost. Bei Mehltaubefall schneidet man die Pflanze ebenfalls kräftig zurück. Die Blütenblätter schmecken mild und leicht bitter und sehen im Salat toll aus. Probieren Sie auch im Mörser gequetschte oder klein gehackte Blütenblätter als Safranersatz in Risotto oder Suppen. Das große Plus der Ringelblume ist ihre Verwendung für die Wundheilung und in der Hautpflege. Für Ringelblumenöl nehmen Sie bestes Olivenöl und legen Sie die Blüten darin ein. Mit Bienenwachs ist daraus schnell eine Salbe hergestellt, die raue Gärtnerhände pflegt.

Vitaminpakete für den Winter

◁ Bärlauch *Allium ursinum*

Höhe: *30 cm* **Blüte:** *weiß; Juni*

Das beliebte Wildkraut mit dem intensiven Knoblauchduft ist unsere mitteleuropäische Antwort auf Pesto. Schon im zeitigen Frühjahr kann man die zarten Blätter ernten. Bärlauch ist eine dankbare, völlig unkomplizierte Gartenpflanze, die im Gehölzschatten gedeiht. Man pflanzt die Brutzwiebeln im Herbst in humose Erde. Nach zwei bis drei Jahren breitet sich Bärlauch flächig aus. Es ist keinerlei Pflege nötig. Der Eigenanbau hat Vorteile: Eine Verwechslung mit dem giftigen Maiglöckchen ist ausgeschlossen. Bärlauch schmeckt gedünstet als Wildgemüse, in Quiches oder frisch in Kräuterquark, Sahnesüppchen und Kräuterbutter sowie als Pesto. Eine Frühjahrskur mit den vitamin- und mineralienreichen Blättern stärkt die Abwehr.

▷ Winterheckenzwiebel *Allium fistulosum*

Höhe: *50 cm* **Blüte:** *weiß; Juni bis Juli*

Die Winterheckenzwiebel oder Sibirische Zwiebel ist ein winterhartes Zwiebelgewächs aus Asien, von der man nicht die Zwiebeln, sondern die grünen Schloten erntet. Seit dem Mittelalter ist sie bei uns eingebürgert. Winterheckenzwiebeln wachsen in humosem Gartenboden. Wo sie sich wohlfühlen, bilden sie dichte Bestände. Sie liefern auch im Winter Vitamine, wenn man sie unter Folie oder Vlies anbaut. Man verwendet die scharfwürzigen Röhren wie Schnittlauch in Salat, Kräuterquark, Rührei und Suppen. Auch die Blüten schmecken fein-aromatisch.

◁ Wilde Rauke, Doppelsame *Diplotaxis tenuifolia*

Höhe: *30–40 cm* **Blüte:** *gelb; Juli bis September*

Die in Südeuropa heimische Wilde Rauke ist mit Rucola verwandt, aber anders als diese mehrjährig. Ihre Blätter sind stark gefiedert und schmecken deutlich schärfer. Säen Sie die Wilde Rauke im April direkt aufs Beet in einen nährstoffreichen Gartenboden und geben Sie etwas Kompost zu. Wilde Rauke ist sehr frosthart. Unter Folie können Sie in den Wintermonaten Raukenblätter ernten. Ernten Sie möglichst die zarten, jungen Blätter, sie sind am besten. Frische Blätter treiben nach, wenn man die Pflanze regelmäßig schneidet und im Sommer feucht hält. Die Wilde Rauke passt in Salate und viele mediterrane Gerichte.

◁ Schnittsellerie, Blattsellerie *Apium graveolens* var. *secalinum*

Höhe: *40–50 cm* **Blüte:** *gelb; Juni*
Suppenköche, die gern frisches Selleriegrün verwenden, werden von Schnittsellerie begeistert sein. Er ist eine Kulturform des wilden Selleries, der in Südosteuropa und Asien vorkommt. Statt Knollen bildet er Blätter. Man sät ihn im April im Haus oder ab Mai ins Freiland. Er gedeiht im Halbschatten, braucht nahrhaften Boden, etwas organischen Dünger und regelmäßig Wasser. Mulchen ist vorteilhaft. Unter Folie ist eine ganzjährige Ernte möglich. Blattsellerie ist zweijährig, er schießt im Frühjahr in die Blüte und wird dann bitter. Die stark-aromatischen Blätter passen in Suppen und Eintöpfe.

▷ Glattblättrige Petersilie
Petroselinum crispum var. *neapolitanum*

Höhe: *40–50 cm* **Blüte:** *gelb; Juni*
Petersilie ist seit der Antike ein beliebtes Küchenkraut. Sie bildet im ersten Jahr eine Blattrosette und schiebt im folgenden Frühjahr den Blütenstängel. Man sät ab März ins Freiland. Petersilie mag es feucht, wächst im Halbschatten und treibt unter Folie oder Vlies den Winter über durch. Säen Sie den Samen im Folgejahr an eine andere Stelle, denn Petersilie ist mit sich selbst unverträglich. Eine Mischkultur mit Tagetes schützt vor Bodenschädlingen. Im Mittelmeerraum würzt man mit Glattblättriger Petersilie Eintöpfe, Suppen, Fisch und Fleisch.

◁ Schild- oder Römischer Ampfer *Rumex scutatus*

Höhe: *30–40 cm* **Blüte:** *weiß; Juli*
Römischen Ampfer oder Schildampfer erkennt man an den weißgrünen Blättern, die wie ein Schild aussehen. Sie wachsen das ganze Jahr nach und liefern sogar im Winter Vitamine. Römischer Ampfer wächst in normalem Gartenboden mit Kompost. Er mag es feucht, kommt aber mit Trockenheit genauso zurecht. Die unkomplizierte Pflanze breitet sich gern aus. Säen Sie ihn im Frühjahr oder Spätsommer und bedecken Sie die Samen nur schwach. Die saftigen, sauren Blätter geben Hühnersuppe, Spargel oder Rührei eine frische Note. Lecker mit Kerbel und Bärlauch in einer Frühlingssuppe!

Samenkörner als Gewürze

◁ Kümmel *Carum carvi*

Höhe: *40–50 cm* **Blüte:** *weiß-rosa; Juni*
Der in ganz Europa und in Vorderasien heimische Kümmel gehört zu den ältesten Küchenkräutern und wird wegen seiner verdauungsfördernden Eigenschaften geschätzt. Säen Sie Kümmel im April in humosen, feuchten Boden. Die zweijährige, frostharte Pflanze bildet erst im zweiten Jahr nach der Aussaat Samen. Es gibt aber auch einjährige Sorten im Handel. Ernten Sie die Samen, bevor sie ganz ausgereift sind, damit sie nicht ausfallen, und trocknen Sie sie auf Zeitungspapier. Kümmel ist zusammen mit Fenchel- und Koriandersamen ein beliebtes Brotgewürz. Er macht schwere Speisen wie Kohlgerichte oder Braten bekömmlicher und ist außerdem Bestandteil vieler Kräuterliköre.

▷ Kreuzkümmel, Kumin *Cuminum cyminum*

Höhe: *60 cm* **Blüte:** *rosa; Juni*
Kreuzkümmel stammt aus dem östlichen Mittelmeerraum und war schon in der Antike als Heilpflanze bekannt. Er schmeckt ganz anders als Kümmel. Die länglichen, hellbraunen Samenkörner reifen in unseren Gärten aber nur in langen, warmen Sommern aus. Säen Sie das einjährige Kraut im Februar an einen warmen Platz und verpflanzen Sie es im Mai in den Garten in humose Erde. Die stark-aromatischen Samen würzen zum Beispiel arabische Lammgerichte, Couscous oder Joghurtsaucen. Cumin ist auch Bestandteil von Curry und Garam Masala.

◁ Schwarzkümmel *Nigella sativa*

Höhe: *30–40 cm* **Blüte:** *weiß; Juli bis August*
Schwarzkümmel ist ein Gewürz aus der türkischen, indischen und russischen Küche. Nach der Blüte reifen in den ballonförmigen Kapseln die schwarzen Samen. Sie schmecken pfeffrig-scharf. Die Aussaat ist leicht. Schwarzkümmel gedeiht in jedem guten Gartenboden, auch im Halbschatten. Halten Sie die Erde leicht feucht. Erntereif sind die Samen, wenn die Kapsel hellbraun verfärbt ist. Schwarzkümmel wird im Orient als Brotgewürz verwendet. Streuen Sie die Samenkörner über Salat, sie würzen und sehen dekorativ aus. Übrigens: Auch die Samen der nah verwandten Jungfer im Grünen sind fein-aromatisch und essbar.

◁ Bockshornklee

Trigonella foenum-graecum

Höhe: *40–60 cm*
Blüte: *weiß; Mai bis Juli*
Bockshornklee, auch Griechisch Heu genannt, zählt zu den ältesten Küchen- und Heilkräutern des Mittelmeerraums. Er ist außerdem ein typisches Kraut der arabischen und indischen Küche. Bockshornklee gehört wie Schabzigerklee zu den einjährigen Hülsenfrüchten, die in jedem humosen Gartenboden wachsen. Man sät ihn ab April direkt an Ort und Stelle aus und vereinzelt die Pflänzchen später auf 20 cm Abstand. Die reifen Samen haben einen unverkennbaren, fein-würzigen Duft. Sie werden gern als Brotgewürz sowie als Bestandteil von Currymischungen genutzt. Zusammen mit den getrockneten Blättern des Schabzigerklees verwendet man die Samen für Frischkäse. Probieren Sie auch die Keimlinge und die jungen, zarten Triebe. Man dünstet sie ähnlich wie Blattspinat.

▷ Süßdolde *Myrrhis odorata*

Höhe: *50 cm* **Blüte:** *weiß; Mai bis Juni*
Die Gebirgsstaude aus Südeuropa wird auch Myrrhenkerbel genannt. Blätter, Blüten und Samen schmecken anisartig süß. Süßdolde braucht einen durchlässigen, humosen Boden. Sie ist frosthart und ausdauernd. Die weißen Blütendolden erscheinen erst im zweiten Jahr nach dem Pflanzen. Besonders lecker finde ich die Samen. Im unreifen, grünen Zustand schmecken sie am besten. Man kann sie einfach knabbern oder in einen Obstsalat und übers Müsli geben. Zum Süßen von Kompott kocht man Blätter und Samen mit den Früchten mit. Die zarten Blattspitzen können Sie auch als feine Würze für Fisch verwenden. Ein Tee aus frischem Kraut hilft bei Erkältung und Husten.

Spitzenreiter in Sachen Duft

◁ Echter Lavendel *Lavandula angustifolia*

Höhe: *50–80 cm* **Blüte:** *blauviolett, rosa, weiß; Juni bis Juli*
Lavendel will einen Platz an der Sonne und mageren, steinig-kalkigen Boden. Lavendel im Topf braucht ein Substrat, das zu einem Drittel Sand und Splitt enthält und eine Dränage aus Tonscherben. Man gießt den Halbstrauch erst, wenn die Erde trocken ist. Im ersten Jahr Blütenstiele vorzeitig abschneiden, damit die Pflanze Kraft gewinnt. Schneiden Sie Lavendel im Frühjahr vor dem Austrieb bis kurz über dem untersten Trieb und nach der Blüte im August. Lavendel entspannt und stärkt die Nerven. Für ein Lavendelbad füllt man eine Handvoll Lavendelblüten in ein Säckchen und gibt es in das heiße Wasser. Lavendeltrockensträuße halten Insekten fern. Säckchen mit getrockneten Blüten neben dem Kopfkissen fördern gesunden Schlaf.

▷ Provence-Lavendel, Lavandin *Lavandula × intermedia*

Höhe: *80–120 cm* **Blüte:** *hellviolett, rosa, weiß; Juli bis August*
Provence-Lavendel ist eine Kreuzung aus *Lavandula angustifolia* und *L. latifolia*, die sehr viel ätherische Öle enthält. Auffällig sind die gleichmäßigen, langen Triebe und die hellen Blütenähren. Provence-Lavendel blüht erst ab Juli, wenn der Echte Lavendel verblüht ist. Er reagiert empfindlich auf Kälte und Nässe. Geben Sie ihm einen trockenen Standort und in rauen Lagen Winterschutz. Der Schnitt sollte nicht später als August erfolgen, damit die Blätter ausreifen und den Frost besser aushalten. Provence-Lavendel eignet sich bestens für Trockensträuße.

◁ Schopflavendel *Lavandula stoechas*

Höhe: *30–50 cm* **Blüte:** *violett; Juni bis Oktober*
Schopflavendel fällt aus der Reihe. Mit seinen großen Blüten und seinem Duft nach Honig und Kampfer unterscheidet er sich deutlich von seinen Lavendelverwandten. Der in Spanien, Portugal und auf den Kanaren verbreitete Halbstrauch ist nicht ganz frosthart und wird deshalb in unseren Gartenmärkten als Saisonpflanze geführt. Eine Überwinterung an einem hellen, frostfreien Platz im Topf ist aber möglich. Er hat dieselben Standortansprüche wie die anderen Lavendelarten. Seine Blüten und Blätter verströmen ihr Aroma als Zusatz im Badewasser, in Potpourris und in Kräutertees.

◁ Ananas-Salbei *Salvia rutilans*

Höhe: *80–120 cm* **Blüte:** *rot; Oktober*
Ein besonders aromatisches Exemplar aus der Salbeifamilie ist der Ananas-Salbei. Die Blätter duften bei Berührung intensiv nach Ananas. Im Lauf des Sommers wächst er zu einer buschigen Pflanze, die feuerroten Blüten erscheinen erst im Herbst. Ananas-Salbei eignet sich gut für eine mediterran gestaltete Terrasse. Geben Sie dem tropischen Kraut nahrhafte Erde mit organischem Dünger und platzieren Sie den Topf vor einer Südmauer. Die Vermehrung durch Stecklinge ist einfach, überwintert wird die Pflanze bei 15 °C. Verwenden Sie die Blätter frisch in Sommertees, aromatisierten Getränken, Desserts und süßsauren Gerichten.

▷ Apfelduftgeranie *Pelargonium odoratissimum*

Höhe: *30–40 cm* **Blüte:** *weiß; Juni bis Oktober*
Apfelduftgeranien duften nach reifen Äpfeln und Cidre. Die Pflanze mit den flaumig behaarten Blättern überwuchert Hängekörbe und Kästen. Sie gedeiht sogar im Halbschatten. Man pflanzt sie ab Mai in durchlässige, nahrhafte Erde und stutzt die Triebe im Sommer ab und zu, damit sie in Form bleiben. Überwintern Sie die Pflanze bei 5–10 °C und gießen Sie sie kaum mehr. Im Frühjahr pflanzt man sie in frische Erde und schneidet sie um die Hälfte zurück. Stecklinge bewurzeln sich in Wasser oder sandiger Erde rasch. Die Apfelduftgeranie ist ein aromatisches Kraut für Süßspeisen und fruchtige Getränke.

◁ Rosenduftgeranie *Pelargonium graveolens*

Höhe: *50 cm* **Blüte:** *zartrosa, rote Saftmale; Mai bis Oktober*
Duftpelargonien verzaubern mit ihren zarten, anmutigen Blüten und mit den breit gefächerten Duftnuancen ihrer Blätter. Platzieren Sie die Kontaktdufter auf einem sonnigen Südbalkon. Die ausdauernden Gewächse aus Südafrika brauchen viel Wärme und wachsen gut, wenn sie mit Nährstoffen versorgt werden. Rosenduftgeranie enthält das ätherische Öl Geraniol, mit dem man das teure, echte Rosenöl streckt. Pelargonien sind auch für die Küche zu entdecken: Die Blätter der Rosenduftgeranie aromatisieren beispielsweise Zucker, wenn man sie drei Wochen darin einlegt. Auch Tees, Sommerbowlen und Desserts kann man mit den Blüten verfeinern.

Würziges für Potpourris, zum Räuchern und mehr

◁ Echter Salbei, Gartensalbei *Salvia officinalis*

Höhe: *50–60 cm*
Blüte: *blaulila, weiß, rosa; Juni bis Juli*
Der robuste Mittelmeerhalbstrauch ist seit den Klostergründungen bei uns verbreitet und weitgehend an unser Klima gewöhnt. Er gedeiht problemlos in abgemagerter, kalkreicher Erde, verträgt aber auch Humusboden. Salbei braucht volle Sonne. Damit er von unten nicht verholzt, stutzt man ihn regelmäßig im Frühjahr vor dem Austrieb und kürzt die Triebe nach der Blüte ein. Ab und zu kalken. Salbei kann Jahrzehnte alt werden, doch eine Verjüngung durch Absenker ist ratsam. Dazu biegt man einen langen Trieb nach unten, drückt ihn so in die Erde, dass noch Blätter herausschauen. Fixieren und feucht halten. Treiben an dieser Stelle Wurzeln aus, schneidet man das Teilstück ab und verpflanzt es. Getrockneter Echter Salbei eignet sich durch seine antibiotische Wirkung bestens für Erkältungstees. Wegen dem Thujongehalt sollte man Salbeitee aber nicht zu lange ziehen lassen und nicht über einen längeren Zeitraum trinken. Zum Trocknen erntet man die Triebe kurz vor der Blüte und lässt sie im luftigen Schatten drei bis sechs Tage trocknen.

▷ Salbei *Salvia officinalis* 'Nazareth'

Höhe: *50–60 cm* **Blüte:** *blauviolett; Juni bis Juli*
Dies ist ein Salbei mit schmalen, silberweißen, dicht behaarten Blättern. Sein Aroma ist nicht so herb wie das des normalen Gartensalbeis, sondern eher süßlich. Deshalb nennt man die Sorte auch Marzipansalbei. 'Nazareth' ist winterfest und fühlt sich sowohl in sonnigen Steingärten mit Splitt und Schotter als auch in normaler Erde wohl. Wegen des Harzgehalts seiner Blätter eignet er sich zum Räuchern. Dazu schneidet man drei bis fünf Salbeistängel, schnürt sie zu einer Räucherzigarre und hängt sie zum Trocknen auf. Auf einer feuerfesten Unterlage anzünden und durch die Räume gehen. Räucherzigarren aus Salbei gehören zu den alten indianischen Zeremonien.

◁ Purpursalbei *Salvia officinalis* 'Purpurascens'

Höhe: *80–100 cm* **Blüte:** *blauviolett; Juni bis Juli*
Mit buntblättrigen Salbeiarten können Sie attraktive Beete gestalten. Sie passen ins Staudenbeet und in den Steingarten. Die jungen Blätter des Purpursalbeis sind rotviolett, später werden sie graugrün. Weitere attraktive Sorten sind 'Aurea' mit grünen Blättern mit gelbem Rand und 'Tricolor' mit weißrandigen Blättern und rosa Austrieb. Diese Züchtungen blühen kaum. Leider sind die buntlaubigen Sorten nicht so frostfest und empfindlicher bei Winternässe als der Echte Salbei. Achten Sie auf durchlässigen Boden und geben Sie den Pflanzen Winterschutz. Man kann diese Sorten wie Echten Salbei zum Kochen und für Tees verwenden.

▷ Dalmatinischer Salbei, *Salvia officinalis* subsp. *major*

Höhe: *60–100 cm* **Blüte:** *blüht kaum*
Der Dalmatinische Salbei bildet attraktive silberlaubige Kissen im Steingarten. Diese Unterart des Gartensalbeis hat wesentlich breitere Blätter und einen kräftigeren und höheren Wuchs als die Art. Ähnlich breite Blätter besitzt nur die Gartensalbeisorte 'Berggarten', die aber kleiner im Wuchs ist. Dalmatinischer Salbei entwickelt ein intensives Aroma und ist gut für Saltimbocca und frittierte Salbeiblätter geeignet. Manchmal ist er allerdings für Mehltau anfällig. Dann ist es wichtig, die Triebe auszulichten, sodass die Luft zwischen den Blättern zirkulieren kann. Dalmatinischer Salbei enthält von allen Salbeiarten am meisten Thujon. Für Tees sollten Sie deshalb die anderen Arten vorziehen.

◁ Spanischer Salbei *Salvia lavandulifolia*

Höhe: *30–40 cm* **Blüte:** *helllila; Juni bis Juli*
Dieser Salbei ist in Frankreich und Spanien beheimatet. Mit seinen auffallend schönen Blüten und seinem niedrigen, kriechenden Wuchs ist er eine Zierde in Steingärten, auf Kräuterspiralen und Mauerkronen. Die Blätter sind sehr aromatisch und reich an ätherischen Ölen. Da Spanischer Salbei im Gegensatz zu den *Salvia-officinalis*-Arten kein Thujon enthält und damit auch bei häufigem Genuss bekömmlich ist, eignet er sich vorzüglich für Kräuterteemischungen, zum Beispiel kombiniert mit Thymian, Kamille oder Fenchel. Spanischer Salbei bevorzugt einen durchlässigen, mageren Boden in voller Sonne. Ab und zu etwas Kalk und ein Formschnitt nach der Blüte fördern den Wuchs.

Würziges für Potpourris, zum Räuchern und mehr

▷ Muskateller-Salbei *Salvia sclarea*

Höhe: *60–120 cm*
Blüte: *weiß, rosa, helllil; Juni bis Juli*
Sein Duft ist unvergleichlich: Ein bisschen Zitrone, ein bisschen Holz und Harz – Muskateller-Salbei ist einfach ein Genuss für Nase und Augen. Die rosa Hüllblätter der Blüten sehen noch lange nach dem Verblühen schön aus. Die Pflanze aus den Gebirgsregionen des Mittelmeers liebt Schotterböden und volle Sonne. Besorgen Sie sich eine Pflanze in der Gärtnerei und setzen Sie sie in sandigen, mageren Boden. Das zweijährige Kraut sät sich gern aus und sucht sich dann seinen Platz im Garten. Für Duftpotpourris erntet man welke Blüten. Sie behalten ihren Duft auch nach dem Trocknen. Muskateller-Salbei ist sehr harzhaltig und gut zum Räuchern geeignet. Mit Muskateller-Salbei können Sie auch Wein aromatisieren. Dazu legt man zwei bis drei Blütenstiele für ein paar Tage in Weißwein ein, bis der Geschmack in den Wein übergegangen ist.

◁ Rosmarin *Rosmarinus officinalis*

Höhe: *60–120 cm*
Blüte: *blauviolett, rosa weiß; Februar bis Mai*
Rosmarin mag es warm und sonnig. Winterfeste Sorten wie ‘Arp’, ‘Salem’ oder ‘Veitshöchheim’ überstehen kurzzeitig bis zu –20 °C. Man kann sie direkt in den Garten pflanzen, am besten vor eine Südmauer. Windschutz ist wichtig. Rosmarin mag durchlässige, sandig-steinige, kalkhaltige Erde. Magern Sie den Boden mit Splitt oder Dachgartensubstrat ab. Im Frühling gibt man ein wenig Dünger. Rosmarin in Töpfen überwintert man ab November im Haus hell und kühl bei ca. 5 °C. Geschnitten wird direkt nach der Blüte. Zum Ernten zwickt man ganzjährig Triebspitzen ab.

◁ Kriechender Rosmarin

Rosmarinus officinalis 'Prostratus'

Höhe: *20–30 cm* **Blüte:** *hellblau; März bis April*

Der in die Breite kriechende Rosmarin eignet sich für Kübel, Töpfe und Ampeln oder als Bepflanzung einer Mauerkrone. An den verzweigten Trieben öffnen sich im Frühjahr unzählige hellblaue Blüten. Die Sorte 'Prostratus' ist bedingt winterhart. Wächst sie direkt in der Erde, schützt man sie mit einem Vlies. Als Kübelpflanze überwintert man auch diesen Rosmarin hell und kühl bei ca. 5 °C und gewöhnt ihn ab März wieder ans Freiland. Rosmarin würzt mediterrane Gerichte mit Lamm, Wild, Tomaten oder Kartoffeln. Als Tee oder eingelegt in Wein wirkt er kreislaufanregend.

▷ Zistrose *Cistus ladanifer* ssp. *sulcatu*

Höhe: *100 cm* **Blüte:** *weiß; Mai bis Juli*

Die Zistrose ist ein typischer mediterraner Strauch. Sie kommt im westlichen Mittelmeerraum, Spanien und Portugal vor. Bei starker Sonne »schwitzen« die Blätter und Triebe ein klebriges Harz aus, das Labdanum oder Ladanum, das zur Parfumherstellung verwendet wird. Sie können Zistrose im Topf kultivieren, in milden Gegenden auch im Garten. Nehmen Sie gute Kübelpflanzenerde und magern Sie sie mit Blähton ab. Zistrosen vertragen keine Staunässe und mögen einen vollsonnigen, geschützten Platz. Im Winter stellt man sie frostfrei und hell. Die getrockneten Blätter kann man zum Räuchern und in Potpourris verwenden. Die Harze wirken wie ein Fixativ, sodass der Duft lange erhalten bleibt.

◁ Currystrauch *Helichrysum italicum*

Höhe: *60–80 cm* **Blüte:** *gelb; Juni bis Juli*

Mit seinem weiß-silbrigen Laub ist Currykraut einer der schönsten mediterranen Halbsträucher. Es verströmt ein warmes, weiches Aroma, das an indische Currys erinnert. Pflanzen Sie ihn in geschützter Lage in kalkigen, sandigen Boden. Er verträgt Trockenheit sehr gut. In rauen Lagen braucht er jedoch eine Winterabdeckung. Currystrauch verholzt gerne, schneiden Sie ihn deshalb nach der Blüte leicht und im Frühjahr vor dem Austrieb stark zurück. Sie können mit den Blättern – sparsam dosiert – asiatische Reispfannen würzen. Im Juni kann man die Blüten schneiden und trocknen. Sie sehen in Trockensträußen, Türkränzen und Adventsdekorationen wunderschön aus.

Kräuter vertreiben Insekten

◁ Eberraute *Artemisia abrotanum*

Höhe: *100–120 cm* **Blüte:** *gelblich; Juli bis September*
Die Eberraute stammt ursprünglich aus Südosteuropa und Kleinasien. Sie ist ein robuster, trockenheitsverträglicher Kleinstrauch, der bei uns eingebürgert und winterhart ist. Das zierliche, blaugrüne Laub und ihr gleichmäßiger Wuchs machen sie zu einer idealen Einfassungspflanze. Mit einem regelmäßigen Schnitt hält man sie in Form. Eberraute riecht herb und etwas süßlich. Es gibt Sorten mit zitronigem Aroma, wie die Zitroneneberraute 'Citrina'. Eberraute wirkt insektenabweisend. Sie können damit Trockensträuße binden und sie – ähnlich wie Lavendel – zur Mottenabwehr in den Kleiderschrank hängen.

▷ Kampfereberraute *Artemisia alba*

Höhe: *50–100 cm* **Blüte:** *hellgelb; Juli*
Die Kampfereberraute ist ein hübscher Halbstrauch mit graugrünem, fein gefiedertem Laub. Sie duftet angenehm und nicht so streng wie Eberraute. Wegen ihres süßlichen, an Cola erinnernden Aromas nennt man sie auch Colastrauch. Der Geschmack ist eher bitter. Sie braucht Sonne und mageren, steinigen Boden. Gute Standorte sind Schotterbeete, Kräuterspirale oder Steingarten. Sie verträgt einen starken Rückschnitt vor dem Austrieb im Frühjahr. Getrocknet vertreibt sie als Mottenstrauß Insekten oder man verwendet sie für Duftsäckchen und Potpourris.

◁ Heiligenkraut, Zypressenkraut
Santolina chamaecyparissus

Höhe: *40–50 cm* **Blüte:** *gelb; Juli bis August*
Heiligenkraut ist die ideale Einfassungspflanze. Durch seinen langsamen Wuchs und die silbergrauen, fein gefiederten Blätter eignet es sich für formgeschnittene Kräuterhekken und bietet viel Gestaltungspotenzial für mediterrane Gärten. In rauen Lagen braucht es Winterschutz. Der genügsame Zwergstrauch wurzelt in mageren, kalkigen, durchlässigen Böden. Er braucht nur einen Schnitt vor dem Austrieb im Frühjahr. Die Pflanze duftet stark nach Kampfer. Trockensträuße im Kleiderschrank wehren Insekten ab. Oder man nutzt sie in Potpourris und zum Räuchern.

◁ Russischer Salbei *Perovskia abrotanoides*

Höhe: *100 cm* **Blüte:** *blau; Juli bis September*
Der verzweigte Halbstrauch aus Asien wird auch Blauraute oder Silberstrauch genannt. Mit seinen silbergrauen Blättern und den blauen Blütenähren ist er eine ideale Ergänzung im mediterranen Kräutergarten. Er blüht vom Hochsommer bis in den Herbst hinein. Wie mediterrane Halbsträucher mag er es sonnig und einen trockenen, kalkhaltigen Boden. Wenn er in strengen Wintern erfriert, treibt er meist von unten wieder aus. Schneiden Sie ihn im Frühjahr vor dem Austrieb bis auf eine Handbreit über dem Boden zurück. Die Blätter haben ein feines Salbeiaroma und sind gut zu trocknen. Man verwendet sie für Duftsträuße und Potpourris.

▷ Marienblatt, Balsamkraut
Tanacetum balsamita (Chrysanthemum balsamita)

Höhe: *80 cm* **Blüte:** *weiß, gelb; Juli bis August*
Eine Bauerngartenstaude, die aus dem Vorderen Orient stammt. Die Blätter verströmen Kampferaroma. Pflanzen Sie Marienblatt an einem sonnigen Standort in lockeren, durchlässigen Boden und geben Sie Kompost dazu. Die Triebe frieren im Winter ab und treiben im Frühjahr neu aus. Man verwendet die zarten Blätter sparsam im Salat. Im Hochsommer geerntete und getrocknete Blätter haben am meisten Aroma. Ein gepresstes Blatt als Lesezeichen ist eine dufte Sache. Mit Lavendel hält Marienblatt im Schrank die Motten fern.

◁ Zwerg-Wermut, Zwerg-Silberraute
Artemisia schmidtiana 'Nana'

Höhe: *15–20 cm* **Blüte:** *hellgelb; Juli bis August*
Eine Edelraute mit silbernen, flaumig weichen Blättern und mildem, aromatischem Duft. Zwerg-Wermut ist eine Zierde für jeden Steingarten. Er wächst flach und bildet ausgesprochen hübsche Polster. Besonders gut passt er auf Mauerkronen und in Kräuterspiralen. Zwerg-Wermut bleibt kompakt und wuchert nicht. Wie alle mediterranen Halbsträucher braucht er einen trockenen warmen Standort. Pflanzen Sie ihn im Frühjahr und gießen Sie ihn, bis er angewachsen ist, dann braucht er keine Pflege mehr. Zwerg-Wermut ist winterfest. Zwerg-Wermut wehrt Insekten ab. Getrocknet können Sie ihn auch für Wäschesäckchen verwenden.

Für die Hausapotheke

◁ Aloe *Aloe vera*

Höhe: *20–30 cm* **Blüte:** *gelb nur bei alten Pflanzen; Juni*
Mit einer Aloe im Topf beziehen Sie Ihr Hautpflegemittel direkt von der Fensterbank. Die Zimmerpflanze von den Kanaren wächst langsam, aber konstant. Sie ist genügsam, nur Frost verträgt sie überhaupt nicht. Verwenden Sie Kakteenerde und stellen Sie den Aloe-Topf ab Mai geschützt auf den sonnigen Balkon. Den Winter verbringt sie bei 10–15 °C und fast trocken. Ihre fleischigen Blätter enthalten ein Gel mit heilsamen Wirkstoffen. Auf die Haut verteilt wirkt es wohltuend, glättend und auch kühlend – zum Beispiel bei Sonnenbrand. Innerlich eingenommen soll Aloe immunstärkend wirken. Zum Ernten die Blätter herausdrehen, schälen und in der Mitte aufschneiden.

▷ Indisches Basilikum, Tulsi *Ocimum tenuiflorum*

Höhe: *30 cm* **Blüte:** *zartlila; Juni bis September*
In Indien gilt Tulsi als heiliges Basilikum. Tulsi ist eine zartwüchsigere Basilikumart mit hellgrünen, aromatischen Blättern und braucht guten Boden und Wärme. Geben Sie ihr etwas Kompost und organischen Dünger. Das Aroma der Blätter ist kampferartig, mit einer Anis- und Zimtnote und einem Tick Zitrone. Ein Tee aus Tulsi vitalisiert den Körper und hilft bei Erkältungen und Verdauungsbeschwerden. Man nimmt 1–2 Tl frische Blätter pro Tasse, überbrüht sie – und fertig ist ein wunderbarer Anti-Stress-Tee. Er belebt die Sinne und macht fit im Kopf, ganz ohne Koffein.

◁ Gelbbunter Beifuß

Artemisia vulgaris 'Oriental Limelight'

Höhe: *60–120 cm* **Blüte:** *gelb; Juli bis August*
Beifuß kommt in ganz Europa auf Schotterflächen und am Wegrand wild vor. Die Sorte 'Oriental Limelight' mit goldgelben Blättern ist eine Entdeckung für den Kräutergarten. Sie sieht im Steingarten oder in der Staudenrabatte gut aus, mag durchlässigen, trockenen Boden und viel Sonne. Man schneidet die Staude im Frühjahr vor dem Austrieb bis kurz über dem Boden zurück. 'Oriental Limelight' hat dieselben Inhaltsstoffe wie normaler Beifuß und wirkt verdauungsfördernd. Da Beifuß nicht so bitter schmeckt wie Wermut, eignet er sich als Gewürz für fette Speisen wie Gänsebraten.

◁ Römische Kamille
Chamaemelium nobile
(Anthemis nobilis)

Höhe: *15–20 cm*
Blüte: *weiß,gelbe Mitte; Juni bis Juli*
Wer mit der echten Kamille im Garten keinen Erfolg hat, pflanzt die ausdauernde Römische Kamille: Ihre Blüten sind ebenso heilsam. Seit der Antike wird die Römische Kamille in Gärten kultiviert und gelangte mit den Römern über die Alpen. Ihr filigranes Laub duftet fruchtig-frisch und ein bisschen nach Apfel. Durch ihre mattenbildenden Ausläufer ist sie ausgesprochen trittfest und eignet sie sich hervorragend für Duftrasen. Die Römische Kamille wächst in normalem, sandig-lehmigem Gartenboden und verträgt Trockenheit sehr gut. Ein starker Rückschnitt nach der Blüte stärkt die Pflanze. Aus den Blüten bereitet man einen heilsamen Tee zu, der bei Erkältung, Entzündungen und nervösem Magen hilft.

▷ Griechischer Bergtee *Sideritis syriaca*

Höhe: *50 cm* **Blüte:** *gelbgrün; Juni bis Juli*
Der Griechische Bergtee stammt aus den Gebirgen im östlichen Mittemeerraum. Das ausdauernde Kraut mit seinen silbergrauen, weich behaarten Blättern wächst in sandigen, mageren Kalkböden zwischen Steinen. Bergtee ist eine prima Entdeckung. Ich war überrascht, wie winterfest er ist. Voraussetzung ist jedoch, dass er trocken steht, dann wächst das Kraut überaus genügsam. Er ist ein in Griechenland verbreitetes Teekraut, das bei beginnender Erkältung, Husten und rauem Hals gern getrunken wird. Für den Teevorrat im Winter schneidet man die voll aufgeblühten Stängel im Juli und trocknet sie auf Küchenkrepp. Pro Tasse nimmt man 1–2 Teelöffel Kraut und lässt es 10 Minuten köcheln. Dann siebt man den Sud ab und trinkt ihn mit Honig gesüßt. Der Tee schmeckt würzig, leicht bitter und ein bisschen nach Zimt. Sie können die Blätter und Blüten des Bergtees aber auch sparsam für mediterrane Gerichten, zum Beispiel zu Lamm, verwenden.

Bezugsquellen

Gärtnereien mit Pflanzen- und Samenversand

Syringa Duftpflanzen und Kräuter
Bernd Dittrich
Bachstraße 7
78247 Hilzingen-Binningen
www.syringa-samen.de

Rühlemann's Kräuter & Duftpflanzen
Auf dem Berg 2
27367 Horstedt
www.ruehlemanns.de

Staudengärtnerei Dieter Gaissmayer
Jungviehweide 3
89257 Illertissen
www.gaissmayer.de
Riesiges Sortiment, Versch. Kataloge

Raritätengärtnerei Treml
Eckertstraße 32
93471 Arnbruck
www.pflanzentreml.de

Hof Berg-Garten
Großherrischwand
Lindenweg 17
79737 Herrischried
www.hof-berggarten.de

Gräfin von Zeppelin
Weinstraße 2
79295 Sulzburg-Laufen
www.graefin-von-zeppelin.de

Dreschflegel
In der Aue 31
37213 Witzenhausen
www.dreschflegel-saatgut.de

Biologischer Dünger, Pflanzenschutzmittel

W. Neudorff GmbH KG
An der Mühle 3
31860 Emmerthal
www.neudorff.de

Räucherzubehör

Labdanum – Die Räuchermanufaktur
Christine Fuchs
Im Wäsemle 7
71106 Magstadt
www.labdanum.de

Literatur

Bergmann, H.: Kräuter für jeden Garten. Gräfe und Unzer Verlag, München

Bodensteiner, S., Hess, R.: Kräuter – einfach besonders/besonders einfach. Gräfe und Unzer Verlag, München

Bührung U.: Alles über Heilpflanzen. Ulmer Verlag, Stuttgart

Fischer-Rizzi, S.: Das Buch vom Räuchern. AT-Verlag, Aarau

Fowler, A.: Alys im Gartenland. Kosmos Verlag, Stuttgart

Hansen, R., Stahl, F.: Die Stauden und ihre Lebensbereiche in Gärten und Parkanlagen. Ulmer Verlag, Stuttgart

Kipp, O.: Mediterrane Gärten gestalten. Gräfe und Unzer Verlag, München

Kötter, E.: Das große GU PraxisHandbuch Kräuter. Gräfe und Unzer Verlag, München

Kreuter, M.-L.: Kräuter Spezialitäten. BLV Verlag, München

Kreuter, M.-L.: Kräuter & Gewürze aus dem eigenen Garten. BLV Verlag, München

Norman, J.: Kräuter & Gewürze. Dorling Kindersley, München

Schuhbeck, A.: Meine Küche der Gewürze. Zabert Sandmann, München

Weidenweber, C. (Hrsg.): Klimawandel. Nutzen und Risiko für den Hausgarten. AV Buch, Wien

Dank

Die Autorin bedankt sich bei:
Dieter Gaissmayer, Staudengärtnerei Gaissmayer, Illertissen
Gärtnermeister Fritz Thier, Garten- und Landschaftsbau, Freiburg
Gärtnermeister Ulrich Herzog

Hinweis

Viele der hier vorgestellten Kräuter sollten nicht über einen längeren Zeitraum, nicht im Übermaß und nicht in der Schwangerschaft verzehrt werden. Manche Pflanzen können bei Berührung die Haut reizen oder Allergien auslösen. Ätherische Öle können allergische Reaktionen auslösen und sollten bis auf wenige Ausnahmen nur verdünnt angewendet werden. Bei ernsthaften Erkrankungen ersetzt die Anwendung von Heilkräutern auf keinen Fall den Gang zum Arzt.

Register

Halbfett gesetzte Seitenzahlen verweisen auf Abbildungen.

Die Autorin

Heide Bergmann ist Lehrerin und Gärtnerin und lebt in Freiburg. Sie ist Mitbegründerin der Ökostation Freiburg des Bundes für Umwelt und Naturschutz Deutschland. Unter anderem legte sie dort einen Heilkräutergarten an und gründete das „Grüne Klassenzimmer". Seit 1987 gibt sie Kräuter- und Gartenkurse und schreibt Bücher über Bio-Gartenbau und das Gärtnern mit Kindern.

Bildnachweis

Alamy: 19-2, 25-1, 83, 103-2; **Jürgen Bekker:** 72-2; **Josef Bieker:** 58-1; **Elke Borkowski:** 2-3, 18-1, 20-21, 50, 63, 74-75, 87, 91-1; **F1 Online:** 24-2; **Flora Press:** 110-3; **Flora Press / Biosphoto:** 10; **Flora Press / GAP:** 5-1, 14, 26-1, 27-1, 28-2, 35-1, 38, 40-1, 53, 57-2, 59, 66-67, 68, 69, 70-71, 73-1, 77, 78-79, 85, 88-3, 98-3, 103-1, 133-1, 133-2, U4-1; **Flora Press / Otmar Diez:** 31; **GAP Photos:** 25-2, 49, 54, 95, 108-1, 123-1; **Garden Picture Library:** 42-2, 44, 48, 73-2; **Garden World Images:** 45-1, 102-2, U1; **Bildagentur Geduldig:** 22; **Heinz Hauenstein:** 16, 88-2; **Modeste Herwig:** 55, 64-1, 64-2, 65; **Anneliese Kompatscher:** 4-2, 13-1, 23, 27-2, 29-2, 33, 34-2, 36, 39-2, 41-1, 42-1, 43, 45-2, 96-3, 102-3, 114-2, 120-2, 124-3; **Bildarchiv Laux:** 137-1; **Marianne Majerus Garden Images:** 6-7, 18-2, 35-2, 40-2, 57-1, 62, 76, 94, U4-3; **MAP:** 60-61; **Mauritius:** 12, 15-2, 19-1, 46-47, 52, 58-2, 90; **Clive Nichols:** 9, 29-1, U4-2, U4-4; **Marion Nickig:** 4-1, 5-2, 28-1, 30, 32, 34-1, 37-1, 37-2, 39-1, 82, 84, 86, 88-1, 91-2, 96-1, 96-2, 97-1, 97-2, 97-3, 98-1, 98-2, 99-1, 99-2, 100-1, 100-2, 101-1, 101-2, 101-3, 102-1, 103-3, 104-1, 104-2, 104-3, 105-1, 105-2, 106-1, 106-2, 107-1, 107-2, 108-2, 109-1, 109-2, 110-1, 110-2, 111-1, 111-2, 112-1, 112-2, 112-3, 113-1, 113-2, 113-3, 114-1, 114-3, 115-1, 115-2, 115-3, 116-1, 116-2, 116-3, 117-1, 117-2, 117-3, 118-1, 118-2, 118-3, 119-1, 119-2, 120-1, 121-1, 121-2, 121-3, 122-1, 122-2, 122-3, 123-2, 124-1, 124-2, 125-1, 125-2, 125-3, 126-2, 127-1, 127-2, 128-1, 128-2, 128-3, 129-1, 129-2, 129-3, 130-1, 130-2, 131-1, 131-2, 131-3, 132-1, 132-2, 133-3, 134-1, 134-2, 134-3, 135-1, 135-2, 135-3, 136-3, 137-2; **Ulrike Romeis:** 089; **Guido Sachse:** 106-3, 126-1, 126-3, 136-1, 136-2; **Jutta Schneider & Michael Will:** 11, 17, 51; **StockFood:** 8, 15-1, 24-1, 41-2; **Friedrich Strauß:** 13-2, 56, 72-1, 92-93; **Annette Timmermann:** 80-81; **Wildlife:** 108-3.

Pflanzenillustrationen: Claudia Lieb
Syndication: www.jalag-syndication.de

Dank

Der Verlag bedankt sich für die freundliche Unterstützung bei der Fotoproduktion bei

Kräuterei Silvia Heinrich, Oldenburg
www.kraeuterei.de

Herb's Bioland Gärtnerei, Dötlingen OT Nuttel
www.herb-s.de

Impressum

Projektleitung: Dr. Michael Eppinger
Lektorat: Barbara Kiesewetter
Bildredaktion: Caroline Davis/Petra Ender (Cover)
Layout: Marion Feldmann
Umschlaggestaltung: independent Medien-Design, München
Produktion: Susanne Mühldorfer
Reproduktionen: Longo AG, Bozen
Druck: aprinta, Wemding
Bindung: Conzella, Pfarrkirchen
ISBN 978-3-8338-2084-7
1. Auflage 2011

GRÄFE UND UNZER

Ein Unternehmen der
GANSKE VERLAGSGRUPPE